7

Learning Therapy

학생용 워크북

학습치료 프로그램

기초학습능력 향상 전략

최정원 · 이영호 공저

학지사

머리말

좋은 학업 성취를 위해서는 평균 이상의 지능, 학습능력, 공부에 필요한 구체적인 인지적 기술을 적절히 갖추고 있어야 한다. 이와 아울러 학습에 대한 긍정적인 생각과 태도, 목표의식, 동기 수준, 안정감, 자기 조절, 좌절을 견디는 힘, 노력과 끈기, 유연하고 창의적인 사고 및 자율성 등의 심리적 특성도 매우 중요하다.

예컨대, 지능이 우수하다고 할지라도 학습 동기가 부족하다면 결과적으로 좋은 성적을 거두기 어렵다. 또한, 지능과 학습 동기는 충분하지만 시험불안이 높은 경우와 학교, 또래관계 및 가족관계 등에서 스트레스와 심리적 불편감이 심한 경우에는 학습능률이 저하되며, 따라서 능력 발휘의 기회는 제한될 수밖에 없다.

학습치료 프로그램의 목표는 이와 같이 학업 성취에 영향을 미치는 다양한 원인들 간의 복합적인 관계를 파악하고 교정하여, 학업성취도를 향상시킬 수 있도록 하는 것이다. 이 프로그램은 총 12개 영역으로 구성되어 있으며, 그 내용은 다음과 같다.

1. 학습동기 향상 전략
2. 주의집중력 향상 전략
3. 기억력 향상 전략
4. 효과적인 읽기 및 필기 전략
5. 사고력 향상 전략
6. 효과적인 외국어 학습 전략 : 영어
7. 수학적 문제해결 전략
8. 기초학습능력 향상 전략
9. 시험불안 다루기 전략
10. 시험 전략
11. 효과적인 시간 및 공간 관리 전략
12. 학업 스트레스 관리 전략

기초학습능력 향상 전략은 문자와 구어를 통한 언어적 이해, 표현, 개념화 등의 기초학습 영역에서 어려움을 보이는 학생들을 위해 고안되었다. 학교에서 이루어지는 대부분의 학습은 언어를 매개로 하기 때문에, 이 부분에서 어려움을 겪게 되면 이후의 교과 과정에서 곤란을 경험할 수도 있다. 그러나 기초학습능력의 부진이 반드시 모든 학습에서의 실패로 이어지지는 않는다.

세계적으로 유명한 위인들 중에도 기초 학습에 어려움을 갖고 있던 사례가 적지 않다. 대표적인 예로 뉴턴, 에디슨, 처칠, 윌슨 대통령, 레오나르도 다빈치, 미켈란젤로, 로댕 등이 있으며, 천재 과학자로 알려진 아인슈타인 역시 4세가 될 때까지 말을 잘 하지 못하였다. 그는 단어를 기억해 내거나 문장을 만드는 데 어려움을 겪었으며, 학교에서는 교사로부터 '잘하는 것이 하나도 없다.'는 평가를 듣기도 하였다. 다시 말하면, 기초학습능력의 부진이 일부 학교 교과에서의 성공 가능성은 낮출지 모르나, 학습의 전 영역이나 인생의 실패로 이어지는 것은 결코 아니다. 오히려, 우리의 역사가 말해주듯 다양한 분야에서 인류를 위한 위대한 업적을 남길 수도 있다.

기초학습능력 향상 전략 프로그램에서는 자모 및 낱자 익히기, 음운 인식 훈련을 통한 심화 학습, 어휘 유창성 향상, 문장력 및 읽기 이해력 향상에 관한 내용들이 다루어진다. 이 외에도 별책으로 제시되어 있는 범주화 카드 목록을 활용하여 어휘력의 범위와 표현력을 증가시키는 활동을 병행할 수 있다.

2006년 7월

저자대표 최 정 원

e-mail: wies-mind@hanmail.net

차례

기초학습능력 향상 전략

1. 자모 및 낱자 익히기

2. 음운 인식 훈련을 통한 심화 학습

3. 어휘 유창성 향상

4. 문장력 및 읽기 이해력 향상

학생용 워크북

학습치료 프로그램

기초학습능력 향상 전략

1. 자모 및 낱자 익히기
2. 음운 인식 훈련을 통한 심화 학습
3. 어휘 유창성 향상
4. 문장력 및 읽기 이해력 향상

기초학습능력 향상 전략 프로그램의 내용 및 세부 활동

프로그램의 내용	세부 활동
자모 및 낱자 익히기	· 우리말 한글은 어떻게 이루어져 있을까? · 자음과 소리 · 모음과 소리 · 받침과 소리 · 자음 익히기 · 모음 익히기 · 단어를 통한 자음 익히기(음운 범주) · 단어를 통한 모음 익히기(음운 범주) · 자 · 모음 결합표 · 카드를 이용한 글자 만들기
음운 인식 훈련을 통한 심화 학습	· 음소 인식 · 음절 인식 · 음소 결합－대치－첨가 · 음절 분절 · 음소 분절 · 두운 비교(음절 단위) · 각운 비교(음절 단위) · 음절 분석(두운 · 각운 혼합) · 두운 비교(음소 단위) · 각운 비교(음소 단위)
어휘 유창성 향상	· 음운 범주별 기본 어휘 수첩 만들기 · 숨은 그림 찾기를 활용한 기초 의미 범주 익히기 · 의미 범주별 어휘 수첩 만들기 · 문맥을 통한 어휘 지도
문장력 및 읽기 이해력 향상	· 육하원칙 배우기 · 그림을 보고 문장 만들기 · 논리적 순서에 따라 문장 만들기 · 문장을 시각화하기 · 마인드맵을 이용해서 글쓰기 · 언어적 추론 및 독해능력 향상

1. 자모 및 낱자 익히기

1) 우리말 한글은 어떻게 이루어져 있을까?

우리말 한글에 대해 알아보기 : 자음

우리말 한글은 자음, 모음, 받침으로 이루어져 있습니다. 우선, 자음에 대해 알아볼까요?

자음(닿소리)은 총 19자(기본자 14)가 있습니다.

ㄱ	ㄴ	ㄷ	ㄹ	ㅁ	ㅂ	ㅅ
ㅇ	ㅈ	ㅊ	ㅋ	ㅌ	ㅍ	ㅎ
ㄲ	ㄸ	ㅃ	ㅆ	ㅉ		

우리말 한글에 대해 알아보기 : 모음

모음(홀소리)은 총 21자(기본자 10)가 있습니다.

ㅏ	ㅑ	ㅓ	ㅕ	ㅗ	ㅛ	ㅜ
ㅠ	ㅡ	ㅣ	ㅐ	ㅒ	ㅔ	ㅖ
ㅘ	ㅙ	ㅚ	ㅝ	ㅞ	ㅟ	ㅢ

우리말 한글에 대해 알아보기 : 받침

받침(끝소리)은 자음을 활용하여 총 27개가 있습니다.

홑받침(14개)

ㄱ ㄴ ㄷ ㄹ ㅁ ㅂ ㅅ ㅇ ㅈ ㅊ ㅋ ㅌ ㅍ ㅎ

겹받침(11개)

ㄳ ㄵ ㄶ ㄺ ㄻ ㄼ ㄽ ㄾ ㄿ ㅀ ㅄ

쌍받침(2개)

ㄲ ㅆ

2) 자음과 소리

ㄱ	기역
ㄴ	니은
ㄷ	디귿
ㄹ	리을
ㅁ	미음
ㅂ	비읍
ㅅ	시옷
ㅇ	이응
ㅈ	지읒
ㅊ	치읓
ㅋ	키읔
ㅌ	티읕
ㅍ	피읖
ㅎ	히읗
ㄲ	쌍기역
ㄸ	쌍디귿
ㅃ	쌍비읍
ㅆ	쌍시옷
ㅉ	쌍지읒

3) 모음과 소리

ㅏ	아
ㅑ	야
ㅓ	어
ㅕ	여
ㅗ	오
ㅛ	요
ㅜ	우
ㅠ	유
ㅡ	으
ㅣ	이
ㅐ	애
ㅒ	얘
ㅔ	에
ㅖ	예
ㅘ	와
ㅙ	왜
ㅚ	외
ㅝ	워
ㅞ	웨
ㅟ	위
ㅢ	의

4) 받침과 소리(초등 3년 이상)

한글의 기본 받침 규칙

① 받침소리로는 ㄱ ㄴ ㄷ ㄹ ㅁ ㅂ ㅇ의 7개 자음만 발음한다.

② 받침 ㄲ ㅋ ㅅ ㅆ ㅈ ㅊ ㅌ ㅍ은 어말 또는 자음 앞에서 각각 대표음 ㄱ ㄷ ㅂ으로 발음한다.

닦다(닥따), 읔(윽), 옷(옫), 짖다(짇다), 꽃(꼳), 앞(압), 덮다(덥따)

③ 겹받침 ㄳ ㄵ ㄼ ㄾ ㅄ은 어말 또는 자음 앞에서 각각 ㄱ ㄷ ㄹ ㅂ으로 발음한다.

넋(넉), 앉다(안따), 여덟(여덜), 넓다(널따), 핥다(할따), 값(갑)

단, '밟'은 자음 앞에서 '밥'으로 발음하고, '넓'은 경우에 따라 '넙'으로 발음한다.

④ 받침 ㅎ(ㄶ, ㅀ) 뒤에 ㄱ ㄷ ㅈ이 결합되는 경우에는 뒤 음절 첫소리와 합쳐서 ㅋ ㅌ ㅊ으로 발음한다.

놓고(노코), 좋던(조턴), 많고(만코), 않던(안턴), 닳지(달치)

⑤ 받침 ㅎ 뒤에 ㄴ이 결합되는 경우에는 ㄴ으로 발음한다.

놓는(논는), 쌓네(싼네)

⑥ 받침 ㅎ(ㄶ, ㅀ) 뒤에 모음으로 시작되는 어미나 접미사와 결합되는 경우에는 ㅎ을 발음하지 않는다.

낳은(나은), 놓아(노아), 쌓이다(싸이다), 많아(마나), 싫어도(시러도)

⑦ 홑받침이나 쌍받침이 모음으로 시작되는 조사나 어미, 접미사와 결합되는 경우에는 제 음가대로 뒤 음절 첫소리로 옮겨 발음한다.

깍아(까까), 옷이(오시), 있어(이써), 낮이(나지), 앞으로(아프로), 덮이다(더피다)

⑧ 겹받침이나 모음으로 시작되는 조사나 어미, 접미사와 결합되는 경우에는 뒤 음절 첫소리로 옮겨 발음한다(이 경우 ㅅ은 된소리로 발음).

넋이(넉씨), 앉아(안자), 읊어(을퍼), 값을(갑쓸), 없어(업써)

⑨ 한글 자모의 이름은 그 받침소리를 연음하되, ㄷ ㅈ ㅊ ㅋ ㅌ ㅍ ㅎ의 경우에는 특별히 다음과 같이 발음한다.

디귿이(디그시), 디귿을(디그슬), 디귿에(디그세)

5) 자음 익히기 : 그림과 짝짓기

ㄱ 기역	기차	
ㄴ 니은	언니	
ㄷ 디귿	잔디	
ㄹ 리을	오리	
ㅁ 미음	미술	

ㅂ 비읍	비행기	
ㅅ 시옷	시소	
ㅇ 이응	오이	
ㅈ 지읒	지우개	
ㅊ 치읓	치타	

ㅋ 키읔	키위	
ㅌ 티읕	텔레비전	
ㅍ 피읖	피아노	
ㄲ 쌍기역	새끼	
ㄸ 쌍디귿	머리띠	

ㅃ 쌍비읍	삐약삐약	
ㅆ 쌍시옷	씨앗	
ㅉ 쌍지읒	팔찌	

6) 모음 익히기 : 그림과 짝짓기

ㅏ 아	아빠	
ㅑ 야	야구	
ㅓ 어	어머니	
ㅕ 여	여자	
ㅗ 오	오빠	

모음	낱말	그림
ㅛ 요	요리사	
ㅜ 우	우유	
ㅠ 유	유리창	
ㅡ 으	으뜸	
ㅣ 이	이슬비	
ㅐ 애	애기	

ㅒ 얘	얘야~	
ㅔ 에	누에	
ㅖ 예	예~	
ㅘ 와	와우~	
ㅙ 왜	왜?	
ㅚ 외	참외	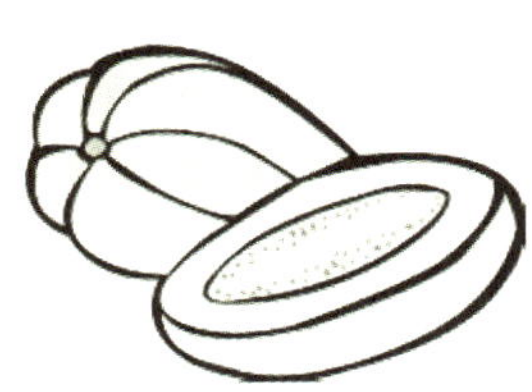

ㅝ 워	추워	
ㅞ 웨	웨딩 드레스	
ㅟ 위	위인전	
ㅢ 의	의사	

선생님이 가리키는 글자가 어떤 소리가 나는지 말해 보세요.

ㄱ ㄴ ㄷ ㄹ ㅁ ㅂ ㅅ ㅇ ㅈ ㅊ

ㅋ ㅌ ㅍ ㅎ ㄲ ㄸ ㅃ ㅆ ㅉ

ㅏ ㅑ ㅓ ㅕ ㅗ ㅛ ㅜ ㅠ ㅡ ㅣ

ㅐ ㅒ ㅔ ㅖ ㅘ ㅙ ㅚ ㅝ ㅞ ㅟ ㅢ

7) 단어를 통한 자음 익히기(음운 범주)

ㄱ	기역	아기, 기계, 기도, 기린, 악기, 태극기, 빼꾸기, 기러기, 기마병, 기분, 기수, 기운, 기자, 기차, 깍두기, 줄넘기, 기억, 이기다, 우기다, 당기다
ㄴ	니은	언니, 윗니, 아랫니, 어금니, 송곳니, 덧니, 비키니, 테니스, 주머니, 모니터, 어딨니? 불렀니? 아프니? 싫으니? 멋있니? 좋니?
ㄷ	디귿	잔디, 디지털, 디스켓, 비디오, 오디오, 디딤돌, 라디오, 오디오, 디즈니랜드, 디딜방아, 디스코, 디젤차, 디브이디(DVD)
ㄹ	리을	오리, 다리, 독수리, 개나리, 소리, 무리, 고리, 리코더, 리본, 머리, 보리, 피리, 개구리, 고사리, 너구리, 도토리, 트리, 병아리, 슬리퍼
ㅁ	미음	미니카, 미술, 미소, 미역, 미음, 미장원, 다리미, 개미, 거미, 수세미, 올빼미, 두루미, 귀뚜라미, 피라미드, 미키마우스, 미개인
ㅂ	비읍	갈비, 제비, 우비, 보슬비, 비누, 장비, 나비, 비늘, 비린내, 차비, 도깨비, 두꺼비, 비행기, 냄비, 소비, 굴비, 구비, 준비, 신비, 비상, 비슷하다
ㅅ	시옷	가시, 택시, 시계, 시간, 시골, 시내, 시장, 시소, 도시, 동시, 시체, 시인, 원시인, 시집, 가시오, 오시오, 미시오, 누르시오
ㅇ	이응	팽이, 지렁이, 송충이, 넥타이, 놀이터, 초코파이, 오토바이, 옷걸이, 소꿉놀이, 이사, 오이, 이리, 이웃, 이빨, 이모, 사이, 차이
ㅈ	지읒	지구, 지갑, 편지, 건전지, 바가지, 지하철, 청바지, 화장지, 할아버지, 미꾸라지, 지네, 지렁이, 지우개, 돼지, 단무지, 의지, 지각
ㅊ	치읓	김치, 치마, 치즈, 샌드위치, 시금치, 팔꿈치, 발꿈치, 치약, 양치질, 치아, ㅊ타, 고슴도치, 음치, 치과, 경치, 치킨, 치우다, 치다
ㅋ	키읔	미키마우스, 스키, 쿠키, 키보드, 키위, 골키퍼, 키다리, 키스, 키친, 키순서, 키 재다, 키 크다, 키우다, 가리키다, 일으키다, 삼키다
ㅌ	티읕	티브이, 티라노사우루스, 짜파게티, 티슈, 티끌, 티눈, 티스푼, 스티커, 티셔츠, 티켓, 잡티, 티벳, 티티새, 티격태격

ㅍ	피읖	코피, 커피, 피자, 원피스, 스피커, 피노키오, 피난, 피라미드, 피리, 피뢰침, 피망, 피아노, 피부, 모피, 피구, 부피, 피우다
ㅎ	히읗	히말라야, 히터, 히트송, 히드라, 히트, 히아신스, 히히 웃다, 조용히 해라, 히죽거리다, 히치하이크
ㄲ	쌍기역	토끼, 조끼, 미끼, 이끼, 도끼, 끼니, 끼다, 끼리끼리, 끼어들다, 끼얹다, 끼우다, 끼이다, 끼치다, 끼적거리다, 끽끽거리다
ㄸ	쌍디귿	허리띠, 가죽띠, 머리띠, 쥐띠, 소띠, 호랑이띠, 토끼띠, 용띠, 뱀띠, 말띠, 양띠, 원숭이띠, 닭띠, 개띠, 돼지띠, 띠를 매다
ㅃ	쌍비읍	삐걱대다, 삐다, 삐뚤대다, 삐약삐약, 삐죽 나오다, 삐뚤다
ㅆ	쌍시옷	씨앗, 씨눈, 씨름, 씨암탉, 씨방, 속씨, 겉씨, 홀씨, 솜씨, 말씨, 글씨, 씨감자, 마음씨, 씨족, 이씨, 최씨, 유씨, 신씨
ㅉ	쌍지읒	찌개, 찌꺼기, 팔찌, 찌르레기, 찌그러지다, 찌푸리다, 찌뿌드드하다

8) 단어를 통한 모음 익히기(음운 범주)

ㅏ	아	아가미, 아가씨, 아기, 아나운서, 아동, 아래, 고아, 기아, 아들, 아수라장, 아시아, 아메리카, 아프리카, 오아시스, 오세아니아, 아름답다
ㅑ	야	야구, 야수, 야간, 야경, 야광, 야단, 야무지다, 야옹, 야외, 야채
ㅓ	어	어머니, 금붕어, 어금니, 어깨동무, 어느새, 어둠, 어린이, 어른
ㅕ	여	여행, 여군, 여동생, 여드름, 여신, 여왕, 여우, 여자, 여학생
ㅗ	오	오빠, 오누이, 오늘, 오대양, 오두막, 오디오, 오락, 오렌지, 오리
ㅛ	요	요구르트, 요가, 요리, 요일, 월요일, 화요일, 금요일, 요술, 담요
ㅜ	우	우리, 우유, 우글쭈글, 우두머리, 우리나라, 우물, 우비, 우산
ㅠ	유	유령, 유괴, 유리, 유도, 유료, 유명인, 유인원, 유아, 유적, 유행
ㅡ	으	으그러뜨리다, 으깨다, 으르렁거리다, 으악, 으뜸, 으름장
ㅣ	이	이사, 오이, 이모, 이발, 이불, 이솝우화, 이순신, 이상하다, 이야기
ㅐ	애	애견, 애인, 애교, 애국심, 애니메이션, 애벌레, 애쓰다
ㅒ	얘	얘~잠깐 기다려, 얘는 내 친구야, 얘랑 놀자, 얘네 집에 가자
ㅔ	에	에버랜드, 에그머니나, 에너지, 에델바이스, 에스키모, 에스컬레이터
ㅖ	예	예능, 수예, 예방주사, 예쁘다, 예수님, 예술, 예절, 예의
ㅘ	와	와당탕, 와들와들, 와르르, 와이셔츠, 기와집, 이리와, 기와

ㅙ	왜	왜? 왜요? 왜냐하면, 왜 그래? 왜 울어? 왜적, 임진왜란
ㅚ	외	참외, 외출, 외모, 외국인, 외국여행, 외톨이, 외롭다, 외할머니, 외할아버지
ㅝ	워	미워, 추워, 더워, 고마워, 두려워, 무서워, 워키토키, 워터
ㅞ	웨	스웨덴, 노르웨이, 헤밍웨이, 웨딩드레스, 웨딩마치, 웨이터
ㅟ	위	거위, 위인전, 위대하다, 위장, 위험하다, 위태롭다, 시위대
ㅢ	의	의견, 의미, 의리, 내의, 의복, 의사, 의술, 의심스럽다, 정의

9) 자 · 모음 결합표 : 서로 만나면 어떤 글자가 될까?

	ㄱ	ㄴ	ㄷ	ㄹ	ㅁ	ㅂ	ㅅ	ㅇ	ㅈ	ㅊ	ㅋ	ㅌ	ㅍ	ㅎ	ㄲ	ㄸ	ㅃ	ㅆ	ㅉ
ㅏ																			
ㅑ																			
ㅓ																			
ㅕ																			
ㅗ																			
ㅛ																			
ㅜ																			
ㅠ																			
ㅡ																			
ㅣ																			
ㅐ																			
ㅒ																			
ㅔ																			
ㅖ																			
ㅘ																			
ㅙ																			
ㅚ																			
ㅝ																			
ㅞ																			
ㅟ																			
ㅢ																			

10) 카드를 이용한 글자 만들기

(1) 나만의 한글 카드 만들기(자음)

ㄱ	ㄴ
ㄷ	ㄹ
ㅁ	ㅂ
ㅅ	ㅇ
ㅈ	ㅊ

자음	자음
자음	자음
자음	자음
자음	자음
자음	자음

ㅋ

ㅌ

ㅍ

ㅎ

ㄲ

ㄸ

ㅃ

ㅆ

ㅉ

자음	자음
자음	자음
자음	자음
자음	자음
	자음

(2) 나만의 한글 카드 만들기(모음)

ㅏ	ㅑ
ㅓ	ㅕ
ㅗ	ㅛ
ㅜ	ㅠ
ㅡ	ㅣ

모음	모음
모음	모음
모음	모음
모음	모음
모음	모음

ㅐ	ㅒ
ㅔ	ㅖ
ㅘ	ㅙ
ㅚ	ㅝ
ㅞ	ㅟ
ㅢ	

모음	모음
모음	모음
모음	모음
모음	모음
모음	모음
	모음

(3) 나만의 한글 카드 만들기(받침)

ㄱ	ㄴ
ㄷ	ㄹ
ㅁ	ㅂ
ㅅ	ㅇ
ㅈ	ㅊ

받침	받침
받침	받침
받침	받침
받침	받침
받침	받침

ㅋ	ㅌ
ㅍ	ㅎ
ㄳ	ㄵ
ㄶ	ㄺ
ㄻ	ㄼ

받침	받침
받침	받침
받침	받침
받침	받침
받침	받침

ㄽ

ㄾ

ㄿ

ㅀ

ㅄ

ㄲ

ㅆ

받침

받침

받침

받침

받침

받침

받침

2. 음운 인식 훈련을 통한 심화학습

1) 음소 인식

다음 글자를 읽고 나머지 것들과 소리가 다른 글자를 찾아 동그라미 치세요.

1. ㄱ ㄴ ㄱ
2. ㄴ ㄴ ㄷ
3. ㄷ ㅌ ㄷ
4. ㅁ ㄹ ㄹ
5. ㅁ ㅁ ㄱ
6. ㅂ ㅁ ㅂ
7. ㅈ ㅅ ㅅ
8. ㅇ ㅎ ㅇ
9. ㅈ ㅊ ㅈ
10. ㅊ ㅅ ㅊ
11. ㅋ ㄱ ㅋ
12. ㄴ ㅌ ㅌ
13. ㅍ ㅌ ㅍ
14. ㅎ ㅋ ㅎ

⇨ 자음 카드를 활용하여 연습을 반복합니다.

⇨ 글자를 보고 연습한 후에는 선생님께서 불러 주시는 소리만 듣고 구분하게 합니다.

2) 음절 인식

다음 글자를 읽고 나머지 것들과 소리가 다른 글자를 찾아 동그라미 치세요.

1.	가	사	가	2.	냐	나	냐
3.	더	뎌	더	4.	려	려	라
5.	모	모	미	6.	뵤	비	뵤
7.	수	소	수	8.	유	유	우
9.	지	즈	즈	10.	치	초	치
11.	캐	캬	캐	12.	테	체	테
13.	퐈	퐈	쏴	14.	회	혀	회

⇨ 자·모음 카드를 활용하여 연습을 반복합니다.

⇨ 글자를 보고 연습한 후에는 선생님께서 불러 주시는 소리만 듣고 구분하게 합니다.

3) 음소 결합–대치–첨가

1단계

다음 표에 나와 있는 자음과 모음이 만나면 어떤 글자가 만들어지는지 말해 보고 써 보세요. 여기서 만들어지는 글자의 모양은 다음과 같습니다.

	ㅏ	ㅑ	ㅓ	ㅕ	ㅣ
ㄱ					
ㄴ					
ㄷ					
ㄹ					
ㅁ					
ㅂ					
ㅅ					
ㅇ					
ㅈ					
ㅊ					
ㅋ					
ㅌ					
ㅍ					
ㅎ					

⇨ 자・모음 카드를 활용하여 다양하게 연습합니다.

⇨ 음소 결합과 대치를(자・모음 교대로) 연습합니다.

- '하마' 할 때 '하'는 어떤 글자들이 합쳐져서 나는 소리일까? ⇨ "ㅎ과 ㅏ요."
- '가위' 할 때 '가'를 '사슴' 할 때 '사'로 바꾸려면 어떻게 하면 될까? ⇨ "ㄱ 대신 ㅅ을 넣어야 해요."

다음의 자음과 모음이 만나면 어떤 글자가 만들어질지 말해 보고 써 보세요.

1. ㄱ+ㅣ=
2. ㄴ+ㅏ=
3. ㄷ+ㅕ=
4. ㄹ+ㅏ=
5. ㅁ+ㅓ=
6. ㅂ+ㅕ=
7. ㅅ+ㅣ=
8. ㅇ+ㅏ=
9. ㅈ+ㅑ=
10. ㅊ+ㅓ=
11. ㅋ+ㅕ=
12. ㅌ+ㅣ=
13. ㅍ+ㅏ=
14. ㅍ+ㅑ=

⇨ 글자를 보고 연습한 후에는 선생님께서 불러 주시는 소리만 듣고 구분하게 합니다.

⇨ 같은 문제를 활용하여 음소 대치를 연습합니다.

- '티'에서 'ㅣ'를 'ㅗ'로 바꾸면 어떤 소리가 날까? ⇨ "토요."

2단계

다음 표에 나와 있는 자음과 모음이 만나면 어떤 글자가 만들어지는지 말해 보고 써 보세요. 여기서 만들어지는 글자의 모양은 다음과 같습니다.

	ㅗ	ㅛ	ㅜ	ㅠ	ㅡ
ㄱ					
ㄴ					
ㄷ					
ㄹ					
ㅁ					
ㅂ					
ㅅ					
ㅇ					
ㅈ					
ㅊ					
ㅋ					
ㅌ					
ㅍ					
ㅎ					

⇨ 자・모음 카드를 활용하여 다양하게 연습합니다.

⇨ 음소 결합과 대치를 연습합니다.

- '초콜릿' 할 때 '초'는 어떤 글자들이 합쳐져서 나는 소리일까? ⇨ "ㅊ과 ㅗ요."
- '소리' 할 때 '소'를 '수리' 할 때 '수'로 바꾸려면 어떻게 하면 될까? ⇨ "ㅗ 대신 ㅜ를 넣어야 해요."

다음의 자음과 모음이 만나면 어떤 글자가 만들어질지 말해 보고 써 보세요.

1. ㄱ+ㅡ=
2. ㄴ+ㅠ=
3. ㄷ+ㅜ=
4. ㄹ+ㅛ=
5. ㅁ+ㅗ=
6. ㅂ+ㅗ=
7. ㅅ+ㅛ=
8. ㅇ+ㅜ=
9. ㅈ+ㅠ=
10. ㅊ+ㅡ=
11. ㅋ+ㅡ=
12. ㅌ+ㅠ=
13. ㅍ+ㅜ=
14. ㅎ+ㅛ=

⇨ 글자를 보고 연습한 후에는 선생님께서 불러 주시는 소리만 듣고 구분하게 합니다.

⇨ 같은 문제를 활용하여 음소 대치를 연습합니다.

- '그'를 '고'로 바꾸려면 어떻게 하면 될까? ⇨ "ㅡ를 ㅗ로 바꾸면 돼요."

3단계

다음 표에 나와 있는 자음과 모음이 만나면 어떤 글자가 만들어지는지 말해 보고 써 보세요. 여기서 만들어지는 글자의 모양은 다음과 같습니다.

구	누	두	루	무	부	수	우	주	추	쿠	투	푸	후	
														ㅣ
														ㅓ

⇨ 자·모음 카드를 활용하여 다양하게 연습합니다.

⇨ 음소 결합과 대치를 연습합니다.

- '생쥐' 할 때 '쥐'는 어떤 글자들이 합쳐져서 나는 소리일까? ⇨ "주와 ㅣ요."
- '위인' 할 때 '위'를 '귀고리' 할 때 '귀'로 바꾸려면 어떻게 하면 될까? ⇨ "첫소리 ㅇ을 빼고 ㄱ를 넣어야 해요."

다음의 글자들이 만나면 어떤 글자가 만들어질지 말해 보고 써 보세요.

1. 구+ㅣ=
2. 누+ㅓ=
3. 두+ㅏ=
4. 루+ㅣ=
5. 무+ㅓ=
6. 부+ㅏ=
7. 수+ㅣ=
8. 우+ㅓ=
9. 주+ㅓ=
10. 추+ㅣ=
11. 쿠+ㅏ=
12. 투+ㅣ=
13. 푸+ㅣ=
14. 후+ㅣ=

⇨ 글자를 보고 연습한 후에는 선생님께서 불러 주시는 소리만 듣고 구분하게 합니다.

⇨ 같은 문제를 활용하여 음소 대치와 탈락을 연습합니다.

- '취'를 '추'로 바꾸려면 어떻게 하면 될까? ⇨ "ㅣ를 빼면 돼요."

4단계

다음 표에 나와 있는 자음과 모음이 만나면 어떤 글자가 만들어지는지 말해 보고 써 보세요. 여기서 만들어지는 글자의 모양은 다음과 같습니다.

(종성 있음)

	가	나	다	라	마	바	사	아	자	차	카	타	파	하
ㄱ														
ㄴ														
ㄹ														
ㅁ														
ㅂ														
ㅇ														

⇨ 자・모음 카드를 활용하여 다양하게 연습합니다.

⇨ 4단계부터 선생님들께서는 음소 결합, 대치 및 첨가(자・모음 교대로)를 통합해서 연습시킵니다.

- '남'은 어떤 글자들이 합쳐져서 나는 소리일까? ⇨ "ㄴ, ㅏ, ㅁ이요."
- '남'을 '낭'으로 바꾸려면 어떻게 하면 될까? ⇨ "받침 ㅁ 대신 ㅇ을 넣어야 해요."
- '감자' 할 때 '감'에서 'ㅁ'을 빼면 무슨 글자가 될까? ⇨ "가요."

다음의 글자들이 만나면 어떤 글자가 만들어질지 말해 보고 써 보세요.

1. 가+ㄱ=
2. 나+ㄴ=
3. 다+ㄹ=
4. 라+ㅁ=
5. 마+ㅂ=
6. 바+ㅇ=
7. 사+ㅇ=
8. 아+ㅂ=
9. 자+ㅁ=
10. 차+ㄹ=
11. 카+ㄴ=
12. 타+ㄱ=
13. 파+ㄱ=
14. 하+ㄴ=

⇨ 글자를 보고 연습한 후에는 선생님께서 불러 주시는 소리만 듣고 구분하게 합니다.

⇨ 같은 문제를 활용하여 음소 대치, 탈락을 연습합니다.

- '각'을 '강'으로 바꾸려면 어떻게 하면 될까? ⇨ "ㄱ을 ㅇ으로 바꾸면 돼요."

⇨ 3단계 형식과 결합해서 연습합니다.

- '위'에 'ㅇ'을 더하면 어떤 소리가 날까? ⇨ "윙~이요."

5단계

다음 표에 나와 있는 자음과 모음이 만나면 어떤 글자가 만들어지는지 말해 보고 써 보세요. 여기서 만들어지는 글자의 모양은 다음과 같습니다.

(종성 있음)

	그	느	드	르	므	브	스	으	즈	츠	크	트	프	흐
ㄱ														
ㄴ														
ㄹ														
ㅁ														
ㅂ														
ㅇ														

⇨ 자 · 모음 카드를 활용하여 다양하게 연습합니다.

⇨ 음소 결합, 대치 및 첨가를 연습합니다.

- '흘러가다' 할 때 '흘'은 어떤 글자들이 합쳐져서 나는 소리일까? ⇨ "흐와 ㄹ이요."
- '글자' 할 때 '글'을 '골기퍼' 할 때 '골'로 바꾸려면 어떻게 하면 될까? ⇨ "모음 ㅡ 대신 ㅗ를 넣어야 해요."
- '오늘' 할 때 '늘'에서 'ㄹ'을 빼면 무슨 글자가 될까? ⇨ "느티나무 할 때 느요."

다음의 글자들이 만나면 어떤 글자가 만들어질지 말해 보고 써 보세요.

1. 그+ㄱ=
2. 느+ㄴ=
3. 드+ㄹ=
4. 르+ㅁ=
5. 므+ㅂ=
6. 브+ㅇ=
7. 스+ㄱ=
8. 으+ㄴ=
9. 즈+ㄹ=
10. 츠+ㅁ=
11. 크+ㅂ=
12. 트+ㅇ=
13. 프+ㄱ=
14. 흐+ㅇ=

⇨ 글자를 보고 연습한 후에는 선생님께서 불러 주시는 소리만 듣고 구분하게 합니다.

⇨ 같은 문제를 활용하여 음소 대치, 탈락을 연습합니다.

- '극'을 '금'으로 바꾸려면 어떻게 하면 될까? ⇨ "받침 ㄱ을 ㅁ으로 바꾸면 돼요."

⇨ 앞선 단계 형식들과 결합해서 연습합니다.

- '가'에 'ㅇ'을 더하면 어떤 소리가 날까? ⇨ "강이요."

6단계

다음 표에 나와 있는 자음과 모음이 만나면 어떤 글자가 만들어지는지 말해 보고 써 보세요. 여기서 만들어지는 글자의 모양은 다음과 같습니다.

(종성 있음)

	괴	뇌	되	뢰	뫼	뵈	쇠	외	죄	최	쾨	퇴	푀	회
ㄱ														
ㄴ														
ㄹ														
ㅁ														
ㅂ														
ㅇ														

⇨ 자·모음 카드를 활용하여 다양하게 연습합니다.

⇨ 음소 결합, 대치 및 첨가를 연습합니다.

- 'ㅗ'와 'ㅣ'가 합쳐지면 어떤 소리가 날까? ⇨ "외요."
- '외'에 'ㄴ'이 합쳐지면 어떤 소리가 날까? ⇨ "왼이요."
- '왼손'은 어떤 글자들이 합쳐져서 나는 소리일까? ⇨ "외, ㄴ, ㅅ, ㅗ, ㄴ이요."
- '과일' 할 때 '과'에서 'ㄱ'이 'ㅇ'으로 바뀌면 어떤 소리가 날까? ⇨ "와우~ 할 때 와요."

다음의 글자들이 만나거나 빠지면 어떤 글자가 만들어질지 말해 보고 써 보세요.

1. 괴+ㄱ=
2. 뇌+ㄴ=
3. 되+ㄹ=
4. 뢰+ㅁ=
5. 뫼+ㅂ=
6. 뵈+ㅇ=
7. 쇠+ㄴ=
8. 외+ㄴ=
9. 죄+ㅁ=
10. 최−ㅣ=
11. 쾨−ㅗ=
12. 퇴−ㅣ=
13. 푀−ㅣ=
14. 회−ㅣ=

⇨ 글자를 보고 연습한 후에는 선생님께서 불러 주시는 소리만 듣고 구분하게 합니다.

⇨ 같은 문제를 활용하여 음소 대치, 탈락을 연습합니다.

- '될'의 'ㄷ'을 'ㅅ'으로 바꾸면 어떤 소리가 날까? ⇨ "쇨이요."

⇨ 앞선 단계 형식들과 결합해서 연습을 합니다.

- '왼편'은 어떤 글자들이 합쳐져서 나는 소리일까? ⇨ "외(ㅇ, ㅗ, ㅣ), ㄴ, ㅍ, ㅕ, ㄴ이요."

4) 음절 분절

다음 단어를 한 음절씩 끊어 말해 보세요.

예 어린이 ⇨ 어 · 린 · 이

1. 가을
2. 나그네
3. 다람쥐
4. 로봇
5. 마술피리
6. 보이스카웃
7. 수요일
8. 옷
9. 자전거
10. 초코파이
11. 캥거루
12. 토마토 쥬스
13. 포도
14. 호랑이

⇨ 글자를 보고 연습한 후에는 선생님께서 불러 주시는 소리만 듣고 끊어 말하도록 연습합니다.

다음 단어를 말하면서 음절 수대로 발을 구르세요.

예 생일선물(쿵쿵쿵쿵)

1. 곰
2. 놀이터
3. 달리기
4. 로미오와 줄리엣
5. 마차
6. 벙어리장갑
7. 새
8. 우리 아빠
9. 재미있다
10. 촛불
11. 코끼리
12. 태극기
13. 표
14. 할아버지

⇨ 글자를 보고 연습한 후에는 선생님께서 불러 주시는 소리만 듣고 발을 구르도록 합니다.

다음 그림의 이름을 말하면서 음절 수대로 발을 구르세요.

1	2	3	4	5
			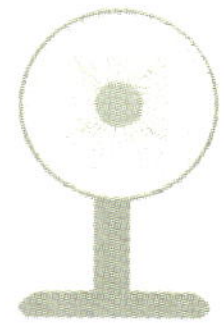	
6	7	8	9	10

11	12	13	14	15
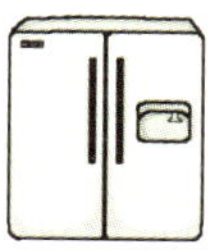				
16	17	18	19	20
				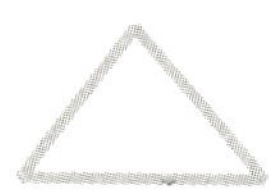

다음 그림의 이름을 말하면서 음절 수대로 발을 구르세요.

21	22	23	24	25

26	27	28	29	30
	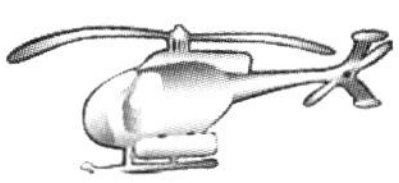			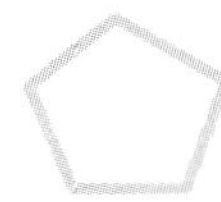
31	32	33	34	35
	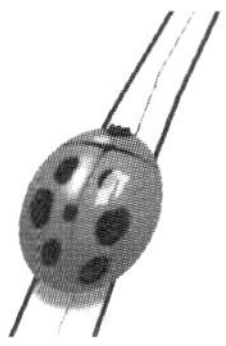	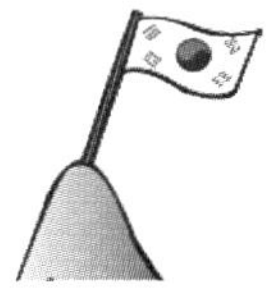		
36	37	38	39	40
	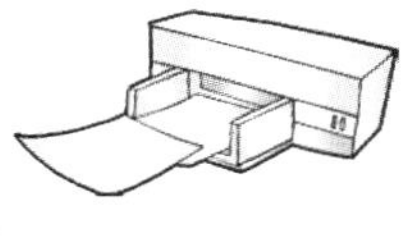			
41	42	43	44	45
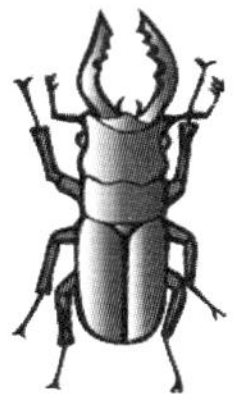				

5) 음소 분절

다음 단어의 음소를 하나하나 구분해서 말하고 써 보세요.

예 어린이 ⇨ ㅇ·ㅓ·ㄹ·ㅣ·ㄴ·ㅇ·ㅣ

1. 가을
2. 나그네
3. 다람쥐
4. 로봇
5. 마술피리
6. 보이스카웃
7. 수요일
8. 옷
9. 자전거
10. 초코파이
11. 캥거루
12. 토마토 쥬스
13. 포도
14. 하모니카

⇨ 글자 카드를 이용해 직접 단어를 만들어 연습합니다.

다음 단어의 음소를 하나하나 구분해서 그 수만큼 발을 구르세요.

예 어린이 ⇨ ㅇ·ㅓ / ㄹ·ㅣ·ㄴ / ㅇ·ㅣ(쿵쿵 쿵쿵쿵 쿵쿵)

1. 가을
2. 나그네
3. 다람쥐
4. 로봇
5. 마술피리
6. 보이스카웃
7. 수요일
8. 옷
9. 자전거
10. 초코파이
11. 캥거루
12. 토마토 쥬스
13. 포도
14. 하모니카

⇨ 음절과 음소의 차이를 인식할 수 있도록 반복 연습합니다.

⇨ 앞서 제시된 그림 카드를 이용해 음소 구분을 다시 연습합니다.

6) 두운 비교(음절 단위)

다음 네 개의 그림 중 첫 번째 그림과 같은 음절로 시작되는 그림을 찾아 말해 보세요.

1				
2				
3				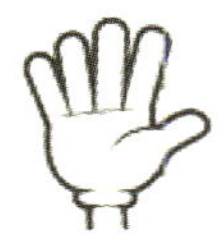
4				
5				
6	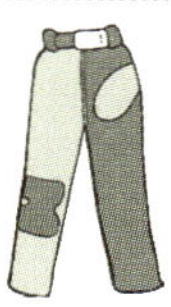		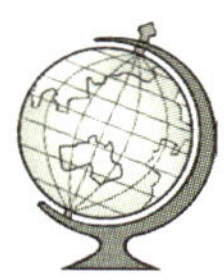	
7			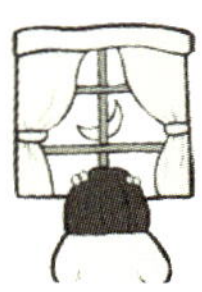	
8				

⇨ 처음 나는 소리(첫소리)가 두운임을 설명합니다.

⇨ 첫소리를 음절/음소 단위로 나눌 수 있음을 설명합니다.

- '강아지'에서 첫음절은 '강'이고, 첫 번째 음소는 'ㄱ'이지, 그러면 '무지개'에서 첫음절과 음소는 각각 무엇일까? ⇨ "무하고, ㅁ이요."

다음 네 개의 그림 중 첫 번째 그림과 같은 음절로 시작되는 그림을 찾아 말해 보세요.

9	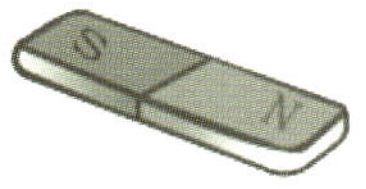	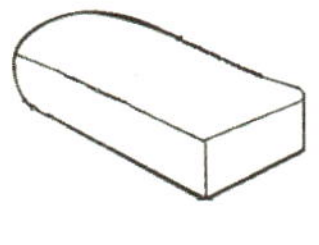		
10		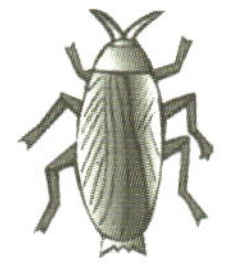		
11				
12			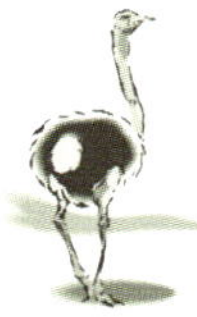	
13		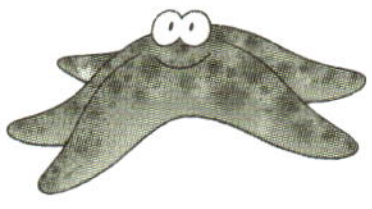		
14				
15			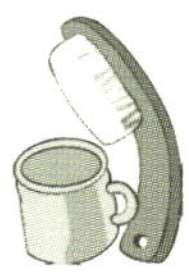	

7) 각운 비교(음절 단위)

다음 네 개의 그림 중 첫 번째 그림과 같은 음절로 끝나는 그림을 찾아 말해 보세요.

1				
2				
3	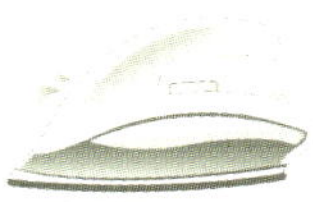			
4		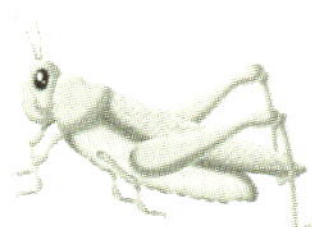		
5		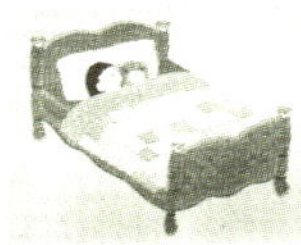		
6	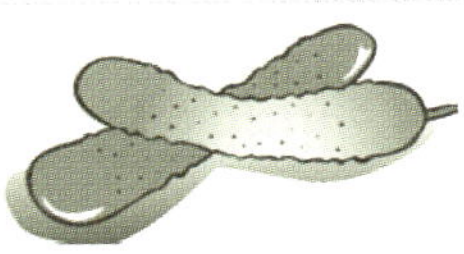			
7				
8				

⇨ 끝에 나는 소리(끝소리)가 각운임을 설명합니다.

⇨ 끝소리를 음절/음소 단위로 나눌 수 있음을 설명합니다.

- '가을비'에서 끝음절은 '비'고, 마지막 음소는 ㅣ지, 그러면 '소나기'에서 끝음절과 마지막 음소는 각각 무엇일까? ⇨ "기와 ㅣ요."

다음 네 개의 그림 중 첫 번째 그림과 같은 음절로 끝나는 그림을 찾아 말해 보세요.

9		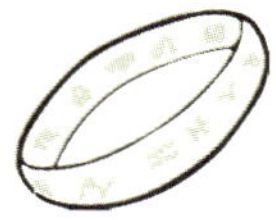		
10	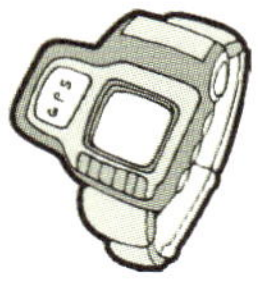			
11			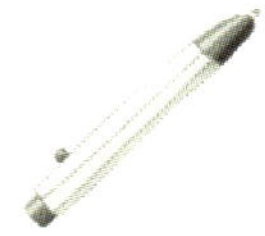	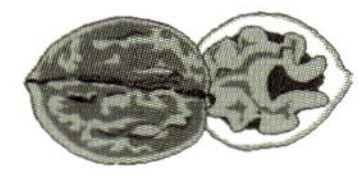
12				
13			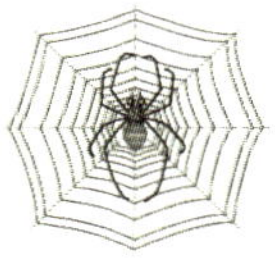	
14			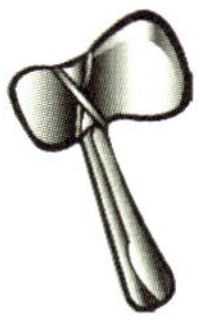	
15	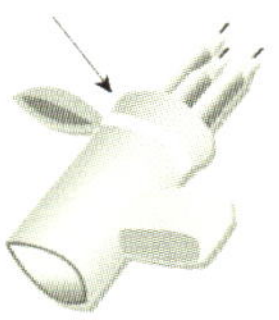			

8) 음절 분석(두운 · 각운 혼합)

다음 단어를 보고 같은 소리의 음절로 시작되거나 끝나지 않는 단어를 찾아 표시해 보세요.

예 가방 가수 고기

1.	가지	가수	산	2.	노랑	보라	노을
3.	모기	다리	다람쥐	4.	라면	라디오	소리
5.	매미	꽃	송골매	6.	바지	바위	포크
7.	송이버섯	송아지	파도	8.	아빠	아기	할머니
9.	자전거	친구	자석	10.	소방차	기차	버스
11.	카메라	캐나다	카네이션	12.	토끼	타조	기타
13.	피리	파도	양파	14.	하루	호두	하마

⇨ 두운 · 각운을 재설명합니다.

⇨ 초성(자음)이 같다고 할지라도 중성(모음)이 다르면 소리가 달라진다는 것을 설명합니다.

9) 두운 비교(음소 단위)

다음 글자를 보고 같은 음소로 시작되는 단어를 만들어 보세요.

예 가족(ㄱ) ⇨ 가방, 개구리, 고추, 고기, 강아지, 고드름, 괴물

1. 김치
2. 노랑
3. 두더지
4. 라디오
5. 목걸이
6. 부메랑
7. 새둥지
8. 외식
9. 조깅
10. 촛불
11. 커피
12. 투우사
13. 풀
14. 해와 달

⇨ 음소는 음절을 이루는 단위이며, 다양한 조합이 가능하다는 것을 설명합니다.

⇨ 관련된 단어를 연상하여 어휘 유창성을 향상시키도록 격려합니다.

10) 각운 비교(음소 단위)

다음 글자를 보고 같은 음소로 끝나는 단어를 만들어 보세요.

예 유아(ㅏ) : 고아, 엄마, 아빠, 아줌마, 학자, 의자, 모자

1. 의자	2. 붕어
3. 비디오	4. 담요
5. 친구	6. 우유
7. 스프	8. 우리
9. 진달래	10. 동네
11. 모과	12. 참외
13. 바위	14. 내의

⇨ 음소는 음절을 이루는 단위이며, 다양한 조합이 가능하다는 것을 설명합니다.

⇨ 관련된 단어를 연상하여 어휘 유창성을 향상시키도록 격려합니다.

3. 어휘 유창성 향상

1) 음운 범주별 기본 어휘 수첩 만들기

예 시 보 기

ㄱ+ㅏ=가	ㄴ+ㅏ=나
가로수	우리나라
가방	밤나무
가뭄	나물
가수	나비
가족	콩나물

ㄷ+ㅏ=다	ㄹ+ㅏ=라
다람쥐	라디오
다리	라면
다슬기	오로라
사다리	라일락
다시마	라이온

ㅁ+ㅏ=마	ㅂ+ㅏ=바
마늘	바가지
마당	바다
마루	바둑
마라톤	바람
마름모	바지

ㅅ+ㅏ=사	ㅇ+ㅏ=아
사각형	아가미
사과	아내
사냥	아들
사막	아동
사자	유아

ㅈ+ㅏ=자	ㅊ+ㅏ=차
자가용	차례차례
자동차	차멀미
자루	차별
자랑	차이
자식	소방차

ㅋ+ㅏ=카	ㅌ+ㅏ=타
카드	타이어
카메라	타자
카멜레온	타임
카우보이	타조
카펫	타석

ㅍ+ㅏ=파	ㅎ+ㅏ=하
파도	하늘
파랑새	하루
파라솔	하마
파리	장수하늘소
양파	하루살이

ㄲ+ㅏ=까	ㄸ+ㅏ=따
까마귀	따갑다
까치	따뜻하다
까까머리	따발총
까불다	따끔거리다
까닭	따라잡다

ㅃ + ㅏ = 빠	ㅆ + ㅏ = 싸
아빠	싸움
오빠	싸라기눈
빠지다	(눈이)쌓이다
빠른 걸음	(짐을)싸자
바빠지다	싸우다

ㅉ + ㅏ = 짜
짜증
짜다
괴짜
100원짜리
공짜

이제, 여러분이 직접 단어를 생각하고 적어 보는 연습을 하겠습니다. 단어를 생각할 때는 '자 · 모음 결합표'를 머릿속에 떠올려 보세요.

생각이 잘 안 날 때는 국어사전이나 인터넷사전을 찾아보세요.

연 습 문 제

다음 낱자들이 만나면 어떤 글자가 되나요? 그 글자가 들어가는 단어를 5개씩 찾아 적어 보세요.

ㄱ+ㅗ=	ㄴ+ㅐ

ㄷ+ㅜ=	ㄹ+ㅣ=

ㅁ+ㅗ+ㄱ=	ㅂ+ㅐ=

ㅅ+ㅗ+ㄴ=	ㅇ+ㅣ+ㄴ=

ㅈ+ㅜ+ㅇ=	ㅊ+ㅏ=

ㅋ+ㅗ+ㅇ=	ㅌ+ㅐ=

ㅍ+ㅗ+ㄱ=	ㅎ+ㅏ+ㅁ=

ㄲ+ㅣ=	ㄸ+ㅏ+ㅁ=

2) 숨은 그림 찾기를 활용한 기초 의미 범주 익히기

이제부터 차례대로 그림을 보면서 숨은 그림을 찾아보겠습니다. 자신이 찾는 그림들이 어떤 공통점을 지니고 있는지 잘 생각해 보면서 찾아보세요.

공통점은? ____________________

※ 시지각적 관찰, 변별, 공간지각, 시지각 운동 협응 능력의 향상을 목표로 하는 경우에는 지시에 따라 색칠을 하거나 위치를 기억해서 말하게 합니다.

※ 공통점은 물론, 비슷한 예를 더 말해보게 합니다.

공통점은? ______________________________

공통점은?

공통점은?

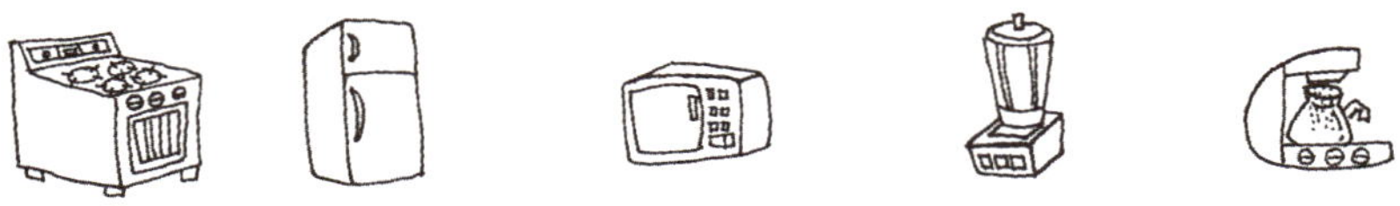

공통점은? ______________________________

공통점은? ____________________

공통점은? ______________________________

공통점은? ______________________

공통점은? ______________________

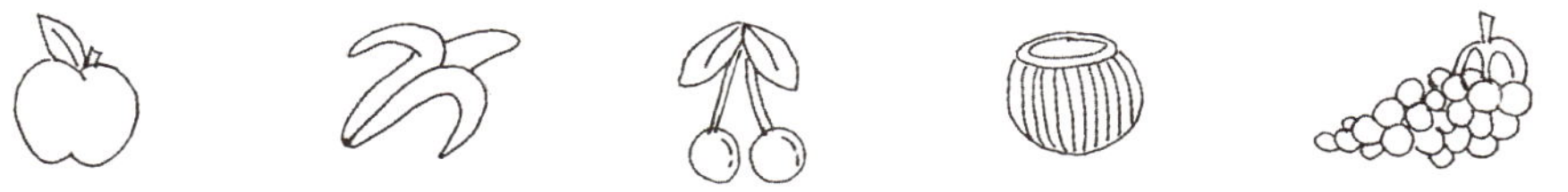

공통점은?

공통점은? ______________________________

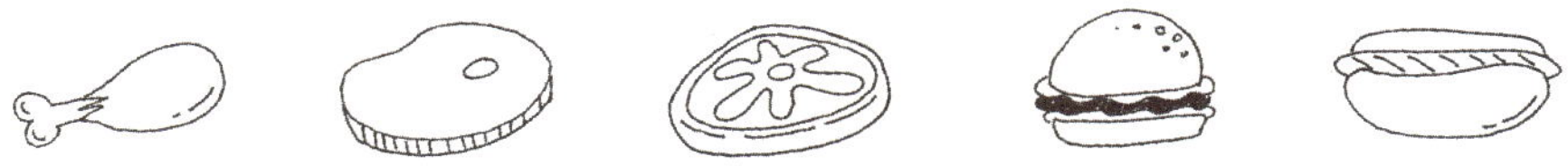

공통점은? ____________________

공통점은?

공통점은? ____________________

공통점은? ________________________________

공통점은?

공통점은? ______________________________

공통점은? ________________________________

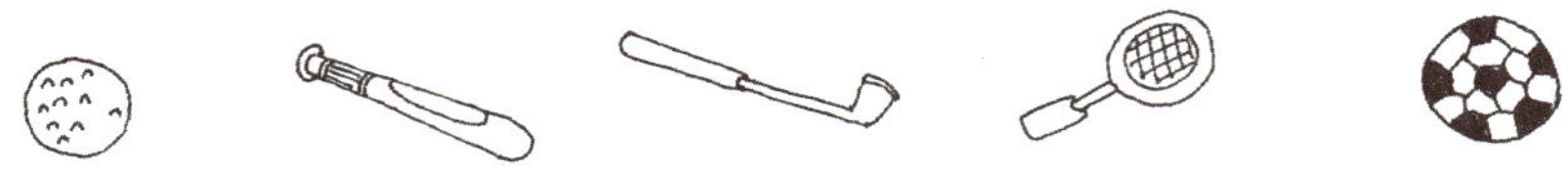

공통점은? ____________________

공통점은? ________________________________

3) 의미 범주별 어휘 수첩 만들기

(1) 국어 어휘의 분류 목록 요약

분류	번호	어휘	분류	번호	어휘	분류	번호	어휘
실체	01	물질	자연	24	에너지	사회	47	치료
	02	생성		25	생물		48	통치
	03	위치		26	동물		49	군사
	04	형상		27	식물	사회생활	50	언어
	05	성상		28	야채류		51	활동
	06	수량		29	지리		52	수단
	07	관계	가정	30	가정		53	사업
	08	작용		31	인칭		54	장사
	09	물체운동		32	친족		55	행사
인간	10	인간		33	집		56	사귐
	11	인생		34	세간		57	놀이
	12	일상		35	옷		58	여행
	13	인체		36	음식		59	경기
	14	능력		37	살림	정신생활	60	문화
	15	형		38	경조사		61	학술
	16	태세		39	생활상		62	논저
	17	정의	사회	40	사회		63	글
	18	생각/사고		41	인물		64	실험
	19	몸동작		42	건물		65	문학
자연	20	지구		43	단체		66	미술
	21	하늘		44	교육		67	음악
	22	기상		45	생산		68	예능
	23	시공		46	물건		69	신앙

[국립국어연구원 자료 참조]

(2) 의미 범주별 어휘 수첩 만들기

인간과 관련된 어휘 범주는 앞에서 살펴본 대로 10개가 있습니다. 그중 '인생'과 관련된 낱말을 살펴보도록 하겠습니다. 선생님이 10개의 예를 제시하면, 여러분들이 또 다른 단어를 생각해서 수첩에 기록해 보세요. 제시된 낱말을 통해 떠오르는 낱말을 연상해도 좋고 비슷한 말이나 반대말 등을 생각해도 좋습니다.

예 시 보 기

인생	출생, 생일, 유년기, 청소년기, 청년기, 사랑, 결혼, 자녀, 중년, 노인
	진로, 탄생, 아기, 사춘기, 어린 시절, 소년, 소녀, 이혼, 부모, 할머니

다음에 제시된 범주와 단어에서 연상되는 어휘를 직접 생각해 내거나 사전을 찾아서 써 보세요.

연 습 문 제

1 인체

인 체	체격, 키, 얼굴, 피부, 외모, 개성, 특성, 장기, 골격, 운동

2 능력

능 력	가능성, 잠재력, 끈기, 지구력, 인내력, 언변, 노력, 영재, 힘, 권력

3 관계

관 계	

4 생각/사고

생각 /사고	

5 몸동작

몸동작	

6 지구

지 구	

7 에너지

에너지	

8 생물

생 물	

9 동물

동 물	

10 집

집	

4) 문맥을 통한 어휘 지도

다음 문장을 읽고 빈칸에 공통적으로 들어갈 수 있는 단어를 생각해 보세요.

예 시 보 기

1
- 70은 7의 몇 ○이지?
- ○는 시원한 맛이 나는 과일이다.
- ○는 해상 교통 수단이다.
- 음식을 잘못 먹어 ○가 아프다.
- 다섯 마리 모두 한 ○ 새끼다.

정답 배

2
- 햇볕, 모래, 바람은 ○○을 특징짓는 말들이다.
- 어린 왕자에는 ○○ 여우가 등장한다.
- ○○에는 물이 매우 부족하다.
- 선인장은 ○○에서도 잘 자란다.
- 낙타는 ○○에서 없어서는 안 될 동물이다.

정답 사막

Level : 1

다음 문장을 읽고 동그라미 친 곳에 어떤 단어가 들어갈지를 잘 생각해서 말해 보세요. 여러 번 읽어 보세요. 그리고 비슷한 말과 반대말을 힌트로 사용할 수도 있습니다.

연 습 문 제

1 ◯는 초등학생이다.

◯에게 많은 책이 있다.

◯는 한국인이다.

◯와 그 친구는 사이가 참 좋다.

◯의 꿈은 파일럿이다.

비 자기 반 너, 남, 타인

2 ◯는 유치원 동생이 있니?

이 책을 ◯한테 줄게.

◯는 그쪽에 앉아라.

◯는 이 옷을 입어라.

◯는 나의 친구다.

비 당신

※ 동그라미 안에 글자를 써 보게 합니다.

※ 해당 글자를 넣어 스스로 문장을 만들어 보게 합니다.

3 ◯◯는 사이좋은 친구다.

◯◯ 손잡고 일해 봅시다.

◯◯는 형제다.

너는 ◯◯ 집의 보배다.

◯◯ 둘이 힘을 합치면 못할 일이 없다.

4 모처럼 온 ◯◯이 한자리에 모였다.

우리 집은 할아버지, 할머니, 아버지, 어머니, 오빠, 언니, 나로 구성된 대◯◯이다.

너의 ◯◯은 몇 명이니?

우리 ◯◯은 모두 4명이다.

전시회에 ◯◯ 단위의 관람객들이 줄을 잇고 있다.

비 식구

5 소년은 ◯◯이고, 소녀는 여자다.

◯◯와 여자가 결혼하면 부부가 된다.

◯◯가 어른이 되면 군대에 간다.

영희는 ◯◯친구가 많다.

여자와 ◯◯는 평등하다.

비 사나이 반 여자

6 ○○○는 동화책을 읽는다.

새 나라의 ○○○는 몸이 튼튼합니다.

○○○로부터 노인에 이르기까지 다 모였다.

○○○는 어른의 거울이다.

○○○는 나라의 보배.

비 소년, 아동

7 돌아가신 ○○○의 유품을 잘 간직하다.

우리 ○○○는 운동을 잘하십니다.

너는 ○○○와 많이 닮았구나.

○○○의 좌우명은 '성실함'이다.

○○○보다 아빠라는 말이 더 친근감이 있다.

비 부친 반 어머니

8 ○○○께서 '나무꾼과 선녀' 이야기를 들려주셨다.

○○○는 혼자서 우리 아버지를 키우셨다.

손자가 참 귀여운지 ○○○가 웃고 계신다.

나는 버스에서 ○○○께 자리를 양보하였다.

○○○의 머리는 하얗다.

반 할아버지

9 ○○까지 뛰어갔다.

○○에서 바로 집으로 돌아왔다.

우체국을 거쳐서 ○○로 간다.

나는 ○○에 다닌다.

우리 ○○는 내일부터 봄방학이다.

10 은반에 옥을 굴리는 듯한 고운 ○○○.

기어드는 ○○○로 작게 말하다.

나는 개그맨의 ○○○를 잘 흉내낸다.

우리 선생님은 ○○○가 참 좋다.

선생님의 ○○○에 귀를 기울이다.

비 음성

11 ○○ 속이 깜깜하다.

지난 여름에 여행 가서 ○○을 찾아냈다.

여름에 ○○ 안은 너무 춥다.

○○ 안에서 박쥐를 보았다.

쥐구멍은 작은 ○○ 같다.

12 우리 엄마는 ○○ 솜씨가 일품이다.

○○ 맛이 좀 별로다.

○○을 장만하다.

손님에게 ○○을 대접하다.

우리는 ○○을 남기지 않고 다 먹었다.

비 식량, 양식

13 새벽 ○○이 몹시 붐빈다.

○○에서 붕어빵을 사먹었다.

○○에서 반찬거리를 샀다.

우리 동네에 중고차 ○○이 들어섰다.

텃밭에서 기른 야채를 ○○에 내다 팔았다.

비 마켓, 장

14 체육 시간에 ○○○을 한 바퀴 돌았다.

눈 오는 ○○○을 바둑이와 뛰었다.

○○○이 넓다.

○○○에 모여서 축구를 한다.

초등학교 ○○○에서 체육대회가 열렸다.

비 경기장

15 시험 ○○를 열심히 하고 있다.

○○와 운동을 같이 하고 있다.

수학 ○○가 제일 어렵다.

밤샘 ○○에 지쳐서 코피가 쏟아졌다.

우리 형은 매일 밤 늦게까지 ○○를 한다.

비 학습, 학업, 연구

16 영화에서 꼬리가 아홉 달린 ○○를 보았다.

○○는 닭장 안을 노려보고 있었다.

○○는 야생동물이다.

그 아이는 ○○ 같이 얄밉다.

○○는 "우~" 하고 운다.

17 ○의 몸 끝에는 독침이 있어 적을 쏜다.

산에서 ○에 쏘였다.

○통 주위를 ○들이 윙윙거리고 있다.

○에 쏘인 자리가 부어오른다.

○의 종류에는 꿀○, 송곳○, 호박○, 맵시○, 말○ 등이 있다.

18 ○은 모양이 둥글고 색깔이 붉다.

○나무에 ○이 주렁주렁 열렸다.

남의 잔치(제사)에 ○ 놔라 배 놔라 한다.

시골 앞뜰에 ○나무 한 그루가 있다.

우리 할머니는 홍시 ○을 좋아하신다.

19 ○말은 쥐가 듣고 낮말은 새가 듣는다.

여름에는 낮이 길고 겨울에는 ○이 길다.

겨울○을 비추는 보름달을 보았다.

○ 늦게까지 일한다.

어제 ○새 눈이 내렸다.

반 낮

20 나는 어제 ○○ 집에 놀러갔다.

우리는 친한 ○○이다.

나는 ○○와 함께 학교에 간다.

○○들과 함께 축구를 했다.

나는 ○○가 많다.

비 벗, 동료

21
- ○○을 깎다가 손을 벴다.
- 친구에게 빌린 ○○을 잃어버렸다.
- 선물받은 ○○을 동생과 똑같이 나눠 가졌다.
- 공책에 ○○로 글씨를 쓴다.
- ○○ 한 다스는 열두 자루다.

22
- 아이들이 ○○에서 이리저리 뛰어다닌다.
- ○○에서는 좌측통행을 해야 한다.
- 학교 ○○에서 미끄러졌다.
- 수업 시간에 친구와 장난하다가 ○○에 나가 벌을 섰다.
- 학교 ○○에서는 신발을 끌지 말아야 한다.

23
- 이 길은 ○○○으로 꺾어진 길이다.
- 대부분의 사람들은 ○○○ 손을 사용한다.
- ○○○ 발이 불편하다.
- 우체국에 가려면 ○○○으로 돌아가라.
- ○○○에 앉아 계시는 분이 우리 아버지이시다.

[비] 우측 [반] 왼쪽

24 극장 안은 온통 웃음○○였다.

배를 타고 ○○를 건넜다.

강물은 흘러흘러 ○○로 간다.

우리나라는 삼면이 ○○로 둘러싸여 있다.

○○ 같은 어버이 사랑.

25 ○○에는 나무, 꽃, 과일, 야채 등이 있다.

생물은 동물과 ○○로 나뉜다.

○○은 광합성 작용을 한다.

○○은 산소를 뿜어 낸다.

○○의 성장에는 햇빛이 필요하다.

반 동물

26 폭설로 ○○가 천천히 다닌다.

○○ 요금이 올랐다.

나는 ○○를 타고 학교에 다닌다.

할아버지댁에 고속○○를 타고 갔다.

택시, ○○, 지하철은 대중교통 수단이다.

27 ◯◯가 날씬하다.

할머니는 구부러진 ◯◯를 펴신다.

◯◯띠를 졸라매다.

어머니의 ◯◯를 주물러 드렸다.

그 아저씨에게 ◯◯를 굽히며 정중히 사과했다.

28 ◯를 기울이다.

◯가 아파서 병원에 갔다.

시끄러워서 두 손으로 ◯를 틀어 막았다.

영희는 철수 ◯에다 소곤소곤 이야기를 했다.

◯는 소리를 듣는 감각기관이다.

29 감사의 ◯◯을 작은 선물에 담았다.

몸과 ◯◯은 하나다.

◯◯이 잘 통하는 친구.

뭐니 뭐니해도 ◯◯씨가 최고다.

형이 ◯◯잡고 열심히 공부한다.

비 심정

30 강아지는 귀여운 ○○이다.

○○ 구경하러 동물원에 놀러갔다.

○○을 사랑해야 한다.

인간은 사회적 ○○이다.

인간은 이성이 있는 ○○이다.

반 식물

31 눈이 나빠 ○○을 썼다.

○○을 쓰니 똑똑하게 보인다.

아버지는 ○○을 쓰고 신문을 읽으신다.

○○다리를 귓바퀴에 걸다.

그는 눈이 몹시 나빠서 ○○ 없이는 거의 아무 것도 보이지 않는다.

32 ○○○을 집에서 안 가지고 왔다.

알림장을 보고 ○○○을 챙겼다.

체육 시간에 ○○○로 줄넘기를 가지고 왔다.

수영장에 가려면 수영복과 수영모가 ○○○로 필요하다.

내일 소풍 갈 ○○○을 가방에 넣어두었다.

33 편지를 보내려면 ○○를 붙여야 한다.
우체국에서 ○○를 샀다.
철수는 ○○를 수집한다.
박물관에서 우리나라 최초의 ○○를 보았다.
편지봉투에 ○○를 붙였다.

34 뒷산에는 개나리와 ○○○가 만발해 있다.
봄이면 ○○○가 온 산에 피어 있다.
연분홍 ○○○에 봄빛이 깃들어 있다.
○○○의 빛깔이 아름답다.
○○○와 철쭉은 비슷해 보인다.

35 핸들을 ○○으로 꺾었다.
○○으로 돌아가다.
액자가 ○○으로 좀 기울었다.
무대 ○○에서 등장하였다.
그는 ○○을 쳐다보았다.

비 좌측 반 오른쪽

36 위인전을 ○○.

신문을 꼼꼼히 ○○ .

어려운 한문책을 줄줄 ○○.

큰 소리로 책을 ○○.

친구가 보낸 편지를 ○○.

비 독서하다

37 새벽같이 일어나 ○○을 돌린다.

○○을 물에 적셔 탈을 만들었다.

아빠는 매일 아침 ○○을 보신다.

○○을 발행하다.

○○을 보면 많은 정보를 얻을 수 있다.

비 소식, 일보

38 자기 일은 ○○○ 해야 한다.

○○○ 할 수 있는 일을 남에게 미루지 말아야 한다.

하늘은 ○○○ 돕는 자를 돕는다.

그는 남이 싫어하는 일을 ○○○ 나서서 했다.

○○○ 할 때 자신감이 더 생긴다.

비 저절로, 자기 힘으로, 혼자서

39
- 안이 답답하니 ○○ 좀 열자.
- 친구들과 눈싸움을 하다 ○○을 깼다.
- 까치발을 하고 ○○으로 얼굴을 내밀었다.
- ○○ 틈새로 봄바람이 들어온다.
- 차 ○○ 밖으로 손이나 얼굴을 내밀지 말아야 한다.

비 창

40
- 영화배우들은 ○○○이 화려하다.
- 그는 ○○○에 매우 신경을 쓴다.
- 돈이 많아도 ○○○은 검소하다.
- ○○○이 단정하고 아름답다.
- 외출하기 전에 ○○○을 매만지다.

비 복장

41
- 남자들은 ○○를 입는다.
- ○○의 지퍼를 올린다.
- 일하기 위해 ○○를 걷어올렸다.
- 뛰기 위해 치마 대신 ○○를 입었다.
- 티셔츠와 ○○가 잘 어울린다.

42 ○○의 크기가 맞지 않는다.

○○을 짝짝이로 신었다.

○○이 헐거워서 불편하다.

아버지의 ○○을 닦아드렸다.

○○이 내 발에 딱 맞는다.

43 ○○○○은 '큰 동작으로 느리게 걷거나 기는 모양'을 말한다.

거북이가 ○○○○ 기어간다.

아기가 ○○○○ 기어간다.

사내 하나가 두 손을 바닥에 대고 ○○○○ 기기 시작했다.

○○○○ 걷지 말고 성큼성큼 걸어라.

44 이상한 ○○이 들다.

○○은 감정의 다른 말이다.

행복, 슬픔, 화 같은 것이 ○○이다.

○○이 팍팍 온다.

이 글을 읽고 어떤 ○○이 들었지?

45
아기가 방긋방긋 ○○○.
아버지가 껄껄 ○○○○.
아이들의 장난을 보고 선생님이 ○○○○.
그는 그녀를 보고 싱긋 ○○○.
나는 배를 움켜쥐고 ○○○.

46
종이 울려 시험지를 ○○.
불우 이웃 돕기 성금을 ○○.
창문을 열기 위해 커튼을 ○○.
친구와 함께 시골길을 ○○.
개울을 건너기 위해 바지를 ○○.

47
공이 ○○○.
○○○ 돌에는 이끼가 끼지 않는다.
바위가 언덕 아래로 ○○○.
발을 동동 ○○○.
동생이 배가 아프다며 데굴데굴 ○○○.

48
- 동생이 훌쩍훌쩍 ◯◯.
- 아기가 젖을 달라고 ◯◯.
- 새들이 나무 위에서 ◯◯.
- ◯◯고 해결될 일이 아니다.
- 주먹이 ◯◯.

49
- 햇빛이 ◯◯ 내리쬡니다.
- 그는 비가 오는 날이나 ◯◯ 갠 날이나 항상 장화를 신었다.
- 대장간에서 쇠를 두들기는 소리가 ◯◯ 울려왔다.
- 꽹과리 소리가 ◯◯ 울린다.
- 아이가 어머니 치맛자락을 잡고 계속 ◯◯ 울어댄다.

50
- 순이는 그가 보낸 편지를 뜯어보지도 않고 ◯◯ 찢어버렸다.
- 껌을 ◯◯ 씹다.
- 고기 굽는 냄새를 맡고 입맛을 ◯◯ 다시다.
- 가뭄이 들어 논바닥이 ◯◯ 갈라졌다.
- 박수를 ◯◯ 치다.

Level : 2

다음 문장을 읽고 동그라미 친 곳에 어떤 단어가 들어갈지를 잘 생각해서 말해 보세요. 여러 번 읽어 보세요. 그리고 비슷한 말과 반대말을 힌트로 사용할 수도 있습니다.

연 습 문 제

1
- 갑작스럽게 친구의 ○○을 받았다.
- 담임선생님께서 우리 집에 가정 ○○을 오셨다.
- ○○을 환영하는 플래카드가 걸렸다.
- 할아버지, 할머니가 우리 집을 ○○하셨다.
- 해외 동포의 모국 ○○.

비 문안

2
- 할머니는 '고향의 봄'이라는 ○○를 좋아하신다.
- 듣기 좋은 ○○도 한두 번이다.
- 음악 시간에 ○○를 배웠다.
- ○○는 마음을 즐겁게 해 준다.
- 어떤 ○○의 가사는 한 편의 시 같다.

3 아침에 산에서 ○○을 했다.

일요일에 ○○ 삼아 등산을 했다.

나는 ○○에 소질이 있다.

적당한 ○○은 건강에 좋다.

형은 ○○ 가운데 야구를 제일 잘한다.

비 체육, 스포츠

4 ○○가 많다.

선생님께서 ○○를 내주셨다.

선생님께서 ○○를 꼼꼼히 검사하셨다.

○○가 계속 쌓이면 마음도 무겁다.

방학 ○○는 여유롭게 미리 해 두는 것이 좋다.

비 과제

5 나는 위로 ○○가 둘 있다.

○○보다 동생이 더 크다.

저 자매는 ○○ 동생 할것 없이 참 예쁘다.

우리 ○○는 내년에 시집간다.

여자의 손위 형제를 오빠, ○○라 한다.

비 누이, 형 반 동생

6 우체국에서 ○○를 부쳤다.

주소를 잘못 적어서 ○○가 되돌아왔다.

낭랑한 목소리로 ○○를 읽었다.

군인 아저씨께 ○○를 썼다.

제게 ○○ 온 것이 있습니까?

7 나는 ○ 안으로 들어갔다.

어머니는 ○에 계신다.

○을 깨끗이 치웠다.

내 ○은 넓다.

언니와 나는 한 ○을 쓴다.

8 ○○에 낙서를 하지 맙시다.

○○ 위에 의자를 올려 놓고 청소하자.

학교에서 ○○은 밥상도 된다.

○○에 걸터 앉지 말자.

○○에서 바른 자세로 책을 읽자.

9 놀이터에서 ○○를 탄다.

○○를 타려면 차례를 지켜야 한다.

엄마가 ○○를 밀어 주셨다.

단오에는 ○○뛰기를 한다.

시소, ○○, 미끄럼틀은 놀이기구다.

10 ○○를 먹어야 키가 큰다.

○○는 칼슘의 왕이다.

새끼 강아지가 ○○를 먹고 있다.

나는 딸기○○를 좋아한다.

아이스크림은 ○○로 만든다.

11 ○○나 단추를 잘 채웁시다.

철수의 바지 ○○가 열렸다.

가방의 ○○가 반쯤 열려 필통이 떨어졌다.

추운 겨울에는 점퍼의 ○○를 끝까지 채워라.

영희의 가방 ○○가 고장났다.

12 ○○○○이란 길이가 짧아져서 거의 못 쓸 정도가 된 연필을 말한다.

공부를 열심히 해서 연필이 ○○○○이 되었다.

내 필통 속은 ○○○○로 가득 차 있다.

○○○○에 볼펜 껍데기를 끼워서 쓴다.

책상 위에 ○○○○을 찾을 수 없다.

13 새 학기가 시작되어 ○○○을 사러 문방구에 갔다.

철수는 공책, 연필, 필통 등의 ○○○을 샀다.

할머니가 ○○○을 사주셨다.

크리스마스 선물로 ○○○을 받았다.

초등학생 ○○○이 너무 비싸다.

14 영희는 ○○○ 달린 연필을 가지고 있다.

철수는 우리 반에서 ○○○ 따기 왕이다.

○○○로 깨끗이 지워라.

나는 ○○○를 잃어버렸다.

철수의 필통에는 ○○○가 많이 있다.

15 ✎ 지금은 ○○○ 접기 시간이다.
✎ ○○○로 비행기를 접었다.
✎ 영희는 문방구에서 ○○○를 샀다.
✎ ○○○로 어버이날 카네이션을 만들었다.
✎ 여러 가지 색을 가지고 있는 ○○○는 예쁘다.

16 ✎ 민희와 장호가 ○○를 타고 있다.
✎ ○○는 비슷한 몸무게를 가진 사람끼리 타야 한다.
✎ 널뛰기와 비슷한 놀이기구가 ○○이다.
✎ ○○에서 장난을 치면 위험하다.
✎ ○○는 양팔저울과 같은 원리다.

17 ✎ 창호는 ○○○에 담임선생님을 만나러 간다.
✎ 오늘 ○○○ 청소는 2학년 1반 담당이다.
✎ 영희는 ○○○에 놓을 꽃을 준비했다.
✎ 여러 선생님이 ○○○에서 이야기를 나누고 계신다.
✎ 우리 학교에는 교장실, 교감실, ○○○, 양호실, 서무실 등이 있다.

18 우리 아빠는 ○○○이다.
○○○은 월급을 받고 일한다.
○○○이란 '회사에서 사무를 보는 사람'이다.
우리 언니는 증권회사에 다니는 ○○○이다.
출근 시간에 지하철은 직장에 다니는 ○○○으로 늘 복잡하다.

19 박물관에는 ○○○이 있다.
잔디밭에는 '밟지 마시오.'라는 ○○○이 있다.
정류장에는 버스노선이 그려진 ○○○이 있다.
놀이동산에는 놀이기구를 설명하는 ○○○이 있다.
저기 ○○○ 앞에 서서 사진을 찍어라.

비 표지판

20 손을 ○○○.
강아지가 꼬리를 ○○○.
관중의 함성이 경기장을 ○○○.
잘 섞기 위해서 ○○○.
춤을 추며 머리를 ○○○.

21 철쭉이 ○○ 피었다.

○○ 갠 하늘.

소녀가 ○○ 웃었다.

나는 창문을 ○○ 열었다.

나는 두 팔을 ○○ 벌려 기지개를 폈다.

비 한껏, 맑게, 시원스럽게

22 나비가 ○○ 날아간다.

새가 ○○ 날아간다.

마른 나뭇가지에 불이 ○○ 붙는다.

연기가 ○○ 날아오른다.

바람에 연이 ○○ 날아올랐다.

23 비가 ○○○○ 내린다.

눈이 ○○○○ 내린다.

시멘트 벽돌이 오래되어서 ○○○○ 부서진다.

비스킷이 말라서 ○○○○하다.

비 바슬바슬, 부슬부슬

24

- 거위가 뒤뚱거리며 ○○ 따라온다.
- 선생님의 뒤를 ○○ 따르다.
- 시냇물이 ○○ 흐른다.
- 강아지가 내 뒤를 ○○ 따라왔다.

25

- 연못에 ○○○○ 돌을 던져라.
- ○○○○ 헤엄치다.
- 아이들이 물에서 ○○○○ 미역을 감고 있다.
- 개구리가 ○○○○ 헤엄을 친다.
- 개울가에서 ○○○○ 물장난을 친다.

비 풍덩풍덩

26

- 시를 ○○ 외우다.
- 바람이 ○○ 불어온다.
- 문제가 ○○ 잘 풀린다.
- ○○ 잘못을 고백했다.
- 식혜를 ○○ 마셨다.

27 ○○의 매.

○○이라는 말을 들으면 가슴이 두근거린다.

부모님의 ○○은 끝이 없다.

○○을 표현한 노래와 새가 많다.

○○하는 사람들끼리 결혼을 한다.

28 영희는 유리창을 깨끗이 ○○○.

철수는 칠판을 깨끗이 ○○○.

아버지가 자동차를 비눗물로 ○○○○.

어머니가 부엌에서 접시를 ○○○○.

아침에 일어나자마자 이를 ○○○.

29 여름에는 여름 ○○, 겨울에는 겨울 ○○이 있다.

장호야! ○○ 동안 어떻게 지냈니?

훈이야! ○○ 숙제는 다 했니?

이번 겨울 ○○에는 시골에 있는 할머니댁에 간다.

○○에는 게으름뱅이가 될 수 있다.

30 접시 위에 ○○이 놓여 있다.

순희가 ○○을 맛있게 먹는다.

○○을 많이 먹어야 감기에 걸리지 않는다.

시장에는 맛있는 ○○이 많이 있다.

나는 ○○ 중에서 배를 제일 좋아한다.

31 민수가 ○○을 깨끗이 쓸고 있다.

진호야! ○○에서 빗자루 좀 가지고 오너라.

내 동생은 ○○에서 열심히 뛰어놀고 있다.

○○을 청소하다가 동전을 주웠다.

시골 ○○에는 닭들이 놀고 있다.

비 자리, 뜰

32 ○○○에 녹색등이 켜져 길을 건넜다.

건널목에서는 ○○○을 확인해야 한다.

철길 건널목에서는 ○○○을 지켜야 한다.

교통질서를 지키려면 ○○○의 신호를 잘 지켜야 한다.

○○○의 불빛은 빨간색, 노란색, 녹색으로 되어 있다.

33 우리 동네 ○에는 배드민턴 코트가 있다.
아침에 ○에서 아버지와 운동을 한다.
○에서는 메아리가 들린다.
저기 저 높은 ○을 봐라.
비행기가 ○ 위로 날아오르고 있다.

34 식물은 꽃, 줄기, ○○로 나누어진다.
그 나무의 ○○는 땅속 깊이 박혀 있다.
아카시아나무는 ○○가 가장 길다.
○○ 없는 나무가 없다.
나무의 ○○가 땅 밖으로 다 드러났다.

비 근본, 근원

35 영희는 ○○ 일찍 일어난다.
아버지는 ○○에 신문을 읽으신다.
○○에 우유를 마신다.
할아버지, 할머니는 ○○에 산에 올라가신다.
동생은 ○○에 운동을 한다.

반 저녁

36 식목일은 ○○를 심는 날이다.

그는 ○○로 가구를 만들었다.

나무꾼이 ○○를 벤다.

앞산에는 ○○가 우거졌다.

나는 ○○에 물을 주었다.

비 수목

37 ○○가 너무 크니 조용히 말해라.

고양이 목에서 방울○○가 들린다.

아버지의 방귀○○는 요란하다.

밖에서 친구가 부르는 ○○가 들린다.

강아지가 배가 고픈지 낑낑거리는 ○○를 낸다.

비 음향, 음성, 고함

38 ○이 모두 시들었다.

엄마는 ○을 화병에 꽂으셨다.

○은 향기롭고 아름답다.

정원에 여러 가지 ○들이 활짝 피어 있다.

나는 ○에 물을 주었다.

39 닭이 알을 품으면 ○○○가 나온다.

○○○가 삐악삐악 울고 있다.

○○○가 어미 닭을 따라다닌다.

강아지가 ○○○를 쫓고 있다.

학교 앞에서 ○○○를 판다.

40 곁에 있으면서 ○○○을 하여 주다.

영희는 엄마의 ○○○을 한다.

○○○을 하고 용돈을 받았다.

할머니는 나에게 ○○○을 시키셨다.

선생님 ○○○으로 교무실에 갔다 왔다.

41 ○○을 보호하다.

○○ 파괴는 인간에게 위험한 일이다.

공해가 ○○ 오염의 주 원인이다.

주변 ○○을 깨끗이 하다.

친구는 어려운 ○○ 속에서도 좌절하지 않고 열심히 살았다.

42 책을 읽을 때는 바른 ○○를 가져야 한다.
허리를 구부려 정중한 ○○로 인사하다.
군인 아저씨가 차렷 ○○로 경례를 하고 있다.
잘못된 ○○로 오래 앉아 있으면 허리가 굽는다.
일할 때는 적극적인 ○○가 중요하다.

비 마음가짐이나 태도

43 소비자○○센터를 설치하다.
자연○○운동에 앞장을 서다.
자연 ○○의 절실함을 외치다.
문화재를 ○○해야 한다.
이곳은 야생동물 ○○ 지역이다.

비 보전

44 교통 ○○를 잘 지키자.
사회 ○○가 무너지다.
○○가 정연하다.
○○는 편리하다.
공동생활에는 ○○가 있어야 한다.

비 차례, 순서 반 무질서, 혼돈, 혼란, 혼잡

45 그는 얼굴 ○○○가 반듯하다.

○○○부터가 무뚝뚝하게 생겼다.

쌍둥이인데도 ○○○가 다르다.

저 개는 ○○○가 늑대와 비슷하다.

영희는 ○○○가 소년 같다.

[비] 모양새, 모습

46 ○○이 훤하다.

○○도 좋을 뿐더러 마음씨도 좋다.

듬직한 ○○을 대표자로 내세우다.

저 아이는 반드시 큰 ○○이 될 것이다.

반장은 이 일을 맡아 하기에 적당한 ○○이다.

[비] 인품, 됨됨이, 생김새

47 안전한 ○○을 취하다.

새로운 ○○을 생각해 내다.

몇 가지 ○○을 예시하다.

가장 좋은 ○○을 선택하다.

이 문제는 뾰족한 해결 ○○이 없다.

[비] 수단, 방식, 방안

48 ◯◯을 존중하다.
그들은 오랜 ◯◯을 굳게 지키고 있다.
역사적인 ◯◯을 자랑하다.
◯◯ 문화를 이어 나가야 한다.
우리 학교는 오랜 ◯◯을 가지고 있다.

비 관습, 관례

49 멋진 미래를 ◯◯하다.
그가 범인이라고는 ◯◯도 할 수 없었다.
한국에 오기 전에 한국은 어떤 나라라고 ◯◯하셨습니까?
나머지는 너의 ◯◯에 맡긴다.
◯◯을 뛰어넘다.

비 추측, 공상

50 온도계는 온도를 ◯◯한다.
포장지에는 상품의 제조년월일이 ◯◯되어 있다.
감사의 ◯◯로 큰 절을 했다.
V는 승리의 ◯◯이다.
이 반지는 사랑의 ◯◯이다.

Level : 3

다음 문장을 읽고 동그라미 친 곳에 어떤 단어가 들어갈지를 잘 생각해서 말해 보세요. 여러 번 읽어 보세요. 그리고 비슷한 말과 반대말을 힌트로 사용할 수도 있습니다.

연 습 문 제

1 우리 ○○에는 우체국이 있다.
○○ 주민들을 위한 편의시설이 있다.
산에는 ○○ 사람들을 위한 운동장이 있다.
철수는 ○○ 주변을 청소했다.
우리는 어렸을 적부터 한 ○○에 살았다.

비 동네

2 그것은 누워서 ○ 먹기다.
옆집에서 이사왔다고 ○을 가지고 왔다.
나는 꿀○을 제일 좋아한다.
○ 주무르듯하다.
○은 쌀로 만든다.

3 우리 마을에는 배드민턴 ○○○이 있다.

○○○에 응원하러 갔다.

축구경기를 보기 위해 월드컵 ○○○에 갔다.

○○○은 운동경기를 하기 위한 시설이다.

야구 ○○○에서 친구를 만났다.

4 ○○ 두 말로 인절미를 해 놓아라.

○○로 찰떡을 친대도 곧이듣지 않는다.

멥쌀 말고 ○○로 밥을 지어라.

시험 보기 전에는 ○○떡을 먹는다.

○○떡은 쫄깃쫄깃하다.

반 멥쌀

5 ○○는 땅의 경계를 나타낸다.

우리나라 최초의 ○○는 대동여지도다.

○○는 길을 찾을 때 사용된다.

해적들에게는 보물 ○○가 있다.

학교에서 ○○ 보는 법을 배웠다.

6 판사는 ○○로운 판결을 내렸다.

우리 어머니는 ○○로우시다.

○○로운 선생님은 우리를 가르쳐 주신다.

그는 어려운 문제를 ○○롭게 해결해 나갔다.

문화 유적에는 조상들의 정신과 ○○가 담겨 있다.

[비] 슬기

7 나는 ○○한 성격이다.

○○이란 기운차게 움직이는 모양을 뜻한다.

고양이는 밤에 ○○한 활동을 한다.

동생은 성격이 밝고 명랑하고 ○○하다.

운동을 좋아하는 숙희는 ○○하다.

[비] 활동적 [반] 소극적인, 얌전한

8 요즘 ○○에는 일손이 부족하다.

○○에서 품앗이를 한다.

여름에는 ○○에서 모내기를 한다.

○○에는 소들이 많다.

할아버지, 할머니께서는 ○○에 사신다.

[비] 시골 [반] 도시

9 사탕을 많이 먹어서 ○가 썩었다.
○가 아프면 치과에 가라.
오복 중에 하나가 ○가 건강한 것이다.
웃을 때 ○가 보이면 예쁘다.
○가 없으면 잇몸으로 살지.

비 치아

10 ○를 맞아서 감기에 걸렸다.
나는 ○ 오는 것을 좋아한다.
겨울○가 부슬부슬 내린다.
○ 온 뒤에 땅이 굳어진다.
하늘에 검은 구름이 끼면 ○가 온다.

11 ○○는 글공부를 하는 사람이다.
○○는 걸을 때 팔자걸음을 걷는다.
옛날에 가난한 ○○가 살았다.
행색이 초라한 ○○가 찾아왔다.
의리와 원칙을 지키는 것이 ○○의 도리다.

12 ◯◯◯ 생활을 하다.

이보시오. 젊은 ◯◯◯, 길 좀 물읍시다.

노인은 ◯◯◯ 일행에게 음식을 대접했다.

◯◯◯는 주막에서 지냈다.

지나가는 ◯◯◯인데 하룻밤 묵어갈 수 있는지요?

비 여행자, 길손, 행객 반 주인

13 어제는 온 가족이 모여 올 겨울에 먹을 ◯◯을 담갔다.

◯◯ 김치는 겨우내내 먹는다.

◯◯독은 땅에 묻는 것이 좋다.

장독대에서 ◯◯ 김치를 가지고 와라.

◯◯은 우리나라의 전통이다.

14 오늘 청소 ◯◯은 어디지?

우리 ◯◯이 게임에서 1등을 했다.

미숙이가 ◯◯장을 맡았다.

혜영이네 ◯◯이 합창을 할 차례다.

남북 ◯◯이라는 슬픈 현실.

비 집단

15 이 시에서 ◯◯되는 말은 무엇입니까?

잘 듣고 ◯◯되는 말을 따라하십시오.

공부를 할 때는 ◯◯해서 해라.

철수는 피아노를 ◯◯해서 연습을 한다.

같은 리듬이 ◯◯되고 있다.

16 철수는 ◯을 친다.

운동회 때 ◯을 친다.

◯소리는 흥을 돋워 준다.

옛날 전쟁터에는 ◯소리도 이용했다.

사물놀이는 장구, ◯, 꽹과리, 징으로 구성되어 있다.

17 ◯◯를 건설하다.

◯◯에는 자동차가 흔하다.

◯◯ 생활에 황폐해진 정서.

지진으로 한 ◯◯가 무너졌다.

◯◯에 인구가 집중되어 있다.

비 도회, 도회지 반 시골, 촌

18 지혜야! ○○○○를 건널 때는 양쪽을 살피고 건너라.

다음 ○○○○에서 우회전을 하세요.

○○○○는 건널목이라고도 말한다.

○○○○를 건널 때는 손을 들어라.

영희는 ○○○○에서 신호를 기다리며 서 있다.

19 물 같은 것을 ○○라고 한다.

○○는 대부분 100도에서 끓는다.

고체가 녹아서 ○○가 된다.

사이다는 ○○이다.

기름은 상온에서 ○○ 상태다.

반 기체, 고체, 결정

20 여기 ○○○가 빠져 있다.

문장부호 중 ○○○는 언제 쓰이지?

○○○는 감탄부호다.

○○○는 느낌, 놀람, 부르짖음, 명령 등의 감정을 나타낼 때 쓴다.

물음표 말고 ○○○를 찍어라.

21 삼각형의 내○의 합은 180도다.

의자 다리의 ○은 90도다.

○에는 둔○, 예○ 등이 있다.

저 아저씨는 얼굴이 ○이 졌다.

군인 아저씨가 ○진 모자를 쓰고 있다.

비 각도

22 내 ○으로 나는 열심히 일했다.

100 나누기 14는 ○이 얼마고 나머지는 얼마일까?

○을 일정하게 나누다.

제 ○으로 만 원을 주십시오.

6을 3으로 나누면 ○은 2다.

비 역할, 책임, 분배 반 곱

23 ○○은 바닷가에서 물고기를 잡으며 살아가는 마을이다.

○○에는 배들이 많다.

우리 할아버지가 ○○에서 살고 계신다.

○○에는 그물이 꼭 필요하다.

나는 ○○에서 태어나 수영을 잘한다.

24 철수는 ○따먹기 왕이다.

○이 비옥하다.

나무를 심으려고 ○을 팠다.

○ 속에는 지렁이가 있다.

○ 짚고 헤엄치기.

[비] 육지 [반] 바다, 하늘

25 ○○○은 남북을 가리키고 있다.

○○○을 이용해서 목표지점을 찾아냈다.

문방구에서 ○○○을 샀다.

내 ○○○이 망가졌다.

산에서는 ○○○이 꼭 필요하다.

26 ○○○○○에서 꽃, 채소 등을 가꾼다.

겨울에 농사를 지으려고 ○○○○○를 만든다.

많은 눈 때문에 ○○○○○가 무너졌다.

겨울에도 ○○○○○에서 채소를 재배한다.

○○○○○에서 채소를 속성 재배한다.

27 ○○ 질서를 잘 지켜야 한다.

대중 ○○을 이용하는 것이 좋다.

이 동네는 ○○이 편리하다.

병목 현상 때문에 ○○이 혼잡하다.

추석, 설날에는 고속도로 ○○이 혼잡하다.

비 운행, 수송

28 ○○가 튼튼해야 오래 간다.

○○부터 공부해 나가다.

○○가 약하면 결국 힘들어진다.

○○ 실력이 탄탄하다.

○○는 바탕, 기틀, 기본과 비슷한 말이다.

29 ○○가 재미있는 동화책을 읽어 주었다.

철수는 ○○와 소꿉놀이를 하고 있다.

○○는 내일 시집을 간다.

우리 ○○는 요리를 잘한다.

○○는 사내아이가 손윗누이를 부르는 말이다.

비 누이 반 오빠, 동생, 형

30

○○은 소녀의 반대말이다.

철수는 똑똑한 ○○이다.

○○이여! 야망을 가져라.

○○은 지친 걸음으로 타박타박 걸었다.

○○소녀 가장을 돕다.

비 사내아이 반 소녀, 노년

31

누나는 ○○에게 동화책을 읽어 주었다.

○○은 언니의 심부름을 한다.

우리 집은 아빠, 엄마, 나, 남○○ 네 식구다.

나는 ○○과 사이좋게 지낸다.

○○은 장난꾸러기다.

비 아우 반 형, 언니

32

부지런한 사람은 ○○○ 성공한다.

우리 팀은 ○○○ 승리할 것이다.

그는 ○○○ 같은 자리에 앉는다.

내 친구는 ○○○ 학교에 늦는다.

나는 ○○○ 아침 7시에 일어난다.

비 늘, 항상 반 가끔

33 ○○이 서 말이라도 꿰어야 보배다.

○○이 또르르 굴러간다.

그녀는 ○○이 구르는 것 같은 고운 목소리를 지니고 있다.

○○땀을 흘리며 공부하다.

나는 ○○따먹기 놀이를 좋아한다.

34 떡에서 고소한 ○○○ 냄새가 난다.

방앗간에서 ○○○을 짰다.

김에 ○○○을 발라서 굽는다.

○○○은 참깨로 짠 기름이다.

할머니께서 ○○○을 가지고 오라고 하신다.

35 강낭콩이 ○ 틀 때 떡잎은 두 장이다.

식물은 봄이 되면 새○이 튼다.

○이 노랗다.

도둑이 물건을 ○ 쓸어갔다.

친구가 그후 ○ 달라져 버렸다.

비 새순, 싹눈

36 철수는 지친 걸음으로 ○○○○ 걸었다.

걸을 때는 ○○○○ 걷지 말고 빨리빨리 걸어라.

빗속을 ○○○○ 걸었다.

나는 시험 성적이 떨어져 속상한 마음에 ○○○○ 걸어 집으로 돌아왔다.

○○○○은 '지친 다리로 힘 없는 발걸음을 천천히 떼어 놓는 모양'을 나타내는 말이다.

37 시소는 ○○가 무거운 쪽으로 기운다.

동생이 나보다 몸○○가 더 나갔다.

고기 한 근의 ○○는 600그램이다.

그 사람의 말은 ○○가 있다.

철수는 반장이 되어서 ○○를 잡는다.

힌 중량, 근엄

38 ○○이란 '영양이 되는 성분'을 말한다.

나무에 ○○이 많은 거름을 주었다.

동생은 ○○을 준다고 산에다 오줌을 쌌다.

토양에 ○○이 풍부하여 나무가 잘 자란다.

우리는 음식물을 통해 ○○을 섭취한다.

힌 영양분

39 ✎ 싹이 ○○○○ 돋다.

✎ 나뭇잎이 ○○○○ 돋아난다.

✎ ○○○○한 신록의 계절이 돌아왔다.

✎ 얼굴에 ○○○○ 멍이 들었다.

✎ 감자에 ○○○○ 싹이 났다.

비 파릇파릇

40 ✎ 보이지 않은 ○○에 고마워해야 한다.

✎ 늦가을이 되자, 제법 ○○가 쌀쌀해졌다.

✎ 산의 ○○는 너무나도 맑다.

✎ 다섯 개의 작은 돌을 가지고 일정한 규칙에 따라 손으로 집고 받고 하는 아이들의 놀이를 ○○놀이라고 한다.

✎ 이것은 실내 ○○를 정화하는 장치다.

41 ✎ ○○란 '따뜻함과 차가움의 정도'를 말한다.

✎ ○○가 영하로 내려가면 물이 언다.

✎ 식물이 자라는 데는 햇빛, ○○, 물 등이 필요하다.

✎ 바람이 심하게 불어 체감○○가 낮다.

✎ 철수야! 보일러의 ○○를 조절해라.

42 ○○이란 '지금까지 지내온 경로나 경력'을 말한다.

그 고장의 ○○을 알아보기 위해 직접 찾아가 조사하였다.

그는 일이 그렇게 된 ○○을 모른다.

그는 도대체 어떤 ○○을 가진 사람이냐?

그 선생님은 살아온 ○○을 책으로 엮었다.

비 자취, 경력, 내막

43 ○○○란 '문화 활동에 의하여 창조된 가치가 뛰어난 사물'을 뜻한다.

○○○는 유형○○○, 무형○○○로 나눌 수 있다.

자연환경 파괴는 ○○○를 훼손할 수 있다.

불법으로 ○○○를 반출하는 사람이 경찰에 붙잡혔다.

우리 ○○○의 복원이 시급하다.

비 문화물

44 ○○○란 '벼를 심어 가꾸고 거두는 일'을 말한다.

○○○는 날씨가 덥고 물이 많아야 한다.

우리나라에서는 ○○○가 적합하다.

김포평야, 김해평야에서 ○○○를 많이 한다.

덥고 비가 많이 오는 나라에서는 ○○○를 이모작한다.

비 도작, 미작

45 ✎ 그는 ○○이 많다.
✎ ○○ 농산물이 많이 들어오고 있다.
✎ 그녀는 ○○의 반을 저축하고 있다.
✎ 부업으로 번 ○○이 꽤 된다.
✎ 정부는 외제 상품의 ○○을 규제하였다.

비 수확, 소득 반 지출, 수출

46 ✎ ○○○은 밤길 가는 데 도움이 된다.
✎ 거리에 ○○○이 환하다.
✎ 우리 동네는 ○○○이 많다.
✎ 도로 양쪽에는 ○○○이 켜져 있다.
✎ 가로수, ○○○은 공공시설이다.

47 ✎ ○○이란 생각이나 느낌이 갑자기 떠오르는 것이다.
✎ ○○ 고향 생각이 난다.
✎ ○○ 좋은 생각이 떠오른다.
✎ ○○ 불길한 예감이 스쳤다.
✎ 길을 가다 ○○ 걸음을 멈췄다.

비 갑자기

48

- ○○는 우리에게 유용하다.
- ○○는 원자력으로 만들어 낸다.
- 어머니께서 ○○를 절약하라고 하신다.
- ○○가 나가서 방이 캄캄하다.
- 사고가 나자, 그 지역에 ○○ 공급이 중단되었다.

49

- ○○은 소의 주식이다.
- 할아버지께서는 아침 일찍 일어나 소에게 ○○을 주신다.
- ○○을 만들려고 건초를 가지고 왔다.
- 외양간에서 소가 ○○을 먹는다.
- ○○은 짚이나 풀을 말려서 썬 마소의 먹이를 뜻한다.

50

- ○○를 수집하다.
- 그녀는 그 일에 관한 ○○를 나에게 주었다.
- 그것은 매우 흥미 있는 ○○이다.
- 경찰에 그 ○○를 흘린 사람이 누구냐?
- 인터넷은 ○○의 바다다.

Level : 4

다음 문장을 읽고 동그라미 친 곳에 어떤 단어가 들어갈지를 잘 생각해서 말해 보세요. 여러 번 읽어 보세요. 그리고 비슷한 말과 반대말을 힌트로 사용할 수도 있습니다.

연 습 문 제

1
- ○○은 몸에 좋다.
- 어머니께서 ○○으로 요리를 하신다.
- 할머니께서 시장에서 ○○을 사오셨다.
- 고양이는 ○○을 좋아한다.
- ○○에서 비린내가 난다.

비 물고기

2
- ○○는 미덕이다.
- 이 점은 도저히 ○○할 수 없다.
- 할머니에게 자리를 ○○해 드렸다.
- 서로 조금씩 ○○해서 타협했다.
- 동생에게 컴퓨터를 ○○했다.

비 사양

3 ○○○은 우리를 사랑하신다.

나는 ○○○을 제일 존경한다.

우리 ○○○은 사이가 좋으시다.

○○○의 ○○○은 할아버지, 할머니다.

○○○의 은혜에 보답해야 한다.

[비] 양친, 어버이

4 ○○는 짐승의 어린 것, 자식의 속된 말이다.

제 ○○ 귀한 줄은 누구나 안다.

어미 소가 ○○에게 젖을 먹인다.

짚으로 꼰 줄을 ○○라고도 한다.

개미 ○○ 한 마리도 볼 수 없다.

[비] 어린 것, 자식 [반] 어미

5 세 살 ○○ 여든까지 간다.

나는 아침 일찍 일어나는 ○○을 들였다.

나는 손톱을 깨무는 ○○이 있다.

나쁜 ○○은 고치기 힘들다.

그 아이는 ○○이 나쁘다.

[비] 습관, 습벽

6 ○○○○이란 조급한 마음으로 몹시 허둥거리는 모양이다.

학교에 늦어서 ○○○○ 뛰었다.

배가 고파 ○○○○ 밥을 먹었다.

○○○○ 도망치다.

○○○○ 달려오다.

비 허둥지둥, 갈팡질팡

7 비가 와서 ○○을 가지 못했다.

우리 학교는 봄, 가을에 ○○을 간다.

○○에서 제일 재미있는 시간은 보물찾기다.

○○ 갈 때는 김밥을 싸가지고 간다.

배낭에 ○○에 가지고 갈 간식을 넣었다.

비 야유회

8 개미들은 어디로 ○○하는 걸까?

우리 반 아이들은 옆반으로 ○○하였다.

차를 ○○시켜 주시오.

유목민들은 목초를 찾아 끊임없이 ○○했다.

모임의 장소를 ○○하였다.

반 고정

9 ○ 속을 거닐다.

나무는 보고 ○은 보지 못한다.

석탄은 ○ 속 깊은 동굴에서 채취한다.

○ 속에는 야생동물들이 많다.

시커먼 공장 굴뚝이 ○을 이루고 있다.

비 수풀, 산림

10 좋은 ○○을 다 보내다.

할아버지는 젊은 ○○을 회상하시며 미소를 지으셨다.

아버지도 어린 ○○에는 말썽을 많이 부리셨다고 한다.

호랑이 담배 피우던 ○○.

○○이란 '무슨 일을 하는 데에 좋은 시기, 기회, 세상'을 뜻하는 말이다.

11 진심을 몰라주니 ○○○○.

소풍을 가지 못해 ○○○○.

우리나라가 축구경기에 져서 ○○○○.

동아시아 지진 피해를 보고 있으니 ○○○○.

○○○○는 '조바심이 나고 답답하다.'는 뜻이다.

비 딱하다, 답답하다

12 아이들의 이마에 ○○○○ 땀방울이 맺혀 있다.

뜨거운 음식을 먹으니 코에 땀이 ○○○○ 돋는다.

목욕탕 천장에 물방울이 ○○○○ 맺혔다.

○○○○은 '땀이나 소름 따위가 살갗이나 표면에 잘게 많이 돋아나 있는 모양'을 나타낸다.

비 방울방울

13 그 경치는 말로 ○○할 수 없을 만큼 아름다웠다.

대중문화에는 ○○의 자유가 있다.

나는 선생님에 대한 감사의 ○○으로 자그마한 선물을 드렸다.

○○은 '의견이나 감정 따위를 드러내어 나타내는 것'을 말한다.

그는 ○○ 방법이 서툴다.

비 표출 반 감추다

14 사건의 진상을 ○○하다.

이 글의 주제를 ○○하다.

선생님은 먼저 인원 ○○을 하셨다.

그는 분위기 ○○을 못했다.

○○이란 '확실하게 깨달아 아는 것'을 뜻한다.

비 이해

15 그 소식을 듣고 ◯◯이 마구 뛰었다.

현아는 ◯◯이 약한 아이이다.

◯◯은 왼쪽 가슴에 있다.

◯◯의 박동이 고르지 않다.

엔진은 자동차의 ◯◯이다.

16 비가 마치 ◯◯처럼 쏟아졌다.

제주도에는 멋진 ◯◯가 있다.

이 세상에 가장 큰 ◯◯는 나이아가라 ◯◯이다.

산골짜기에서 거대한 소리를 내며 ◯◯가 쏟아지고 있었다.

우리 동네에는 인공 ◯◯가 있다.

17 아무리 어려워도 ◯◯ 물러서지 않으리라.

2002년 월드컵은 생애에서 ◯◯ 잊을 수 없는 일이다.

그것은 ◯◯ 우연한 일이 아니었다.

그런 일은 ◯◯ 해선 안 된다.

그는 ◯◯ 나쁜 사람이 아니다.

비 결단코

18 ✎ 고집이 ◯◯ 센 게 아니다.

✎ 영희는 어리게 보이지만 ◯◯ 깍쟁이가 아니다.

✎ 언뜻 보기에는 쉬워 보이지만 사실은 ◯◯ 어렵지 않다.

✎ 뜰에 핀 꽃이 ◯◯ 탐스럽지 않았다.

✎ 할머니의 요리 솜씨는 ◯◯이 아니었다.

비 조금, 보통, 어지간히

19 ✎ ◯을 건설하다.

✎ 홍수로 ◯이 붕괴되었다.

✎ 다목적 ◯을 건설하다.

✎ 우리나라에는 국민 성금으로 만든 평화의 ◯이 있다.

✎ ◯은 강이나 바닷물을 막아 두려고 쌓은 둑을 말한다.

20 ✎ 축구경기를 ◯◯하려고 경기장에 갔다.

✎ 학교에서 단체로 영화 ◯◯을 했다.

✎ 오페라 ◯◯료가 얼마지?

✎ 영화를 ◯◯하려고 극장을 갔다.

✎ 극장에 ◯◯객이 가득했다.

비 구경

21
- 2002년 월드컵은 아시아에서 처음으로 ○○되었다.
- 체육대회는 9월 3일에 ○○된다.
- 다음 동계 올림픽 ○○지는 어딥니까?
- 잠실운동장에서 역도경기가 ○○되었다.
- ○○는 모임, 행사 따위를 주최하여 여는 것을 말한다.

22
- 철수는 방송국으로 ○○을 갔다.
- 우리 반은 신문사로 ○○ 갈 예정이다.
- 나는 어제 박물관에 ○○을 갔다.
- ○○ 내용을 자세히 노트에 적었다.
- ○○은 '구체적인 지식을 얻기 위해 실제로 보고 배우는 것'을 뜻한다.

탐방

23
- 나는 ○○를 좋아한다.
- 나는 우리 반 ○○ 대표로 출전한다.
- 형우는 우리 반 ○○ 대표 선수다.
- 동생이 운동장에서 ○○ 연습을 한다.
- 월드컵을 전후로 ○○에 대한 관심이 높아졌다.

24 ✎ 나는 동생을 데리고 ○○○에 갔다.
✎ ○○○에는 그네, 정글북, 시소가 있다.
✎ 나는 동네 ○○○에서 미끄럼을 타고 놀고 있었다.
✎ 친구들이 ○○○에서 기다리고 있다.
✎ ○○○는 우리들의 모임 장소다.

25 ✎ ○○적 측면을 보게 되었다.
✎ 엄마는 나의 요구에 ○○적인 대답을 해 주셨다.
✎ 세상을 ○○적으로 보다.
✎ 순정이의 의견에 ○○적인 태도를 보였다.
✎ ○○은 '어떤 사실이나 생각에 대해 그렇다고 인정하는 것'이다.

비 인정, 승인 반 부정

26 ✎ 축구와 야구의 ○○○을 찾아라.
✎ 철수와 영희는 공부를 잘한다는 ○○○이 있다.
✎ 알고 보니 그 친구와 나는 의외로 ○○○이 많았다.
✎ 동생과 나는 피자를 좋아하는 ○○○이 있다.
✎ 사람과 원숭이의 ○○○은 무엇인가?

비 유사점 반 차이점

27 군것질 하느라고 ○○을 다 써 버렸다.

○○을 아껴 써서 불우한 이웃을 도와주는 친구도 있다.

철수의 ○○은 한 달에 2만 원이다.

심부름으로 ○○을 벌자.

형은 ○○을 벌기 위해 아르바이트를 한다.

28 필요한 ○○인지 아닌지를 살펴보고 구입하자.

○○을 아껴 쓰는 검소한 생활을 하자.

저 상점에는 여러 가지 ○○을 판다.

남의 ○○을 함부로 만지면 안 된다.

새해가 시작되면서 ○○값이 왕창 올랐다.

비 물품

29 과학적 ○○를 파악하다.

그 소문은 전혀 ○○ 없는 것이다.

판결의 ○○를 제시하라.

그의 말은 사실에 ○○를 두고 있다.

역사적 ○○가 없다.

비 토대, 이유

30 서로의 의견을 끝까지 ○○한다.
끝끝내 ○○을 굽히지 않는다.
자유의 중요성을 ○○하다.
상대편의 ○○을 여지없이 논박하다.
그는 우리 팀의 ○○을 맡고 있다.

31 미묘한 ○○의 변화를 느끼다.
불쾌한 ○○을 언론에 드러내다.
그 아저씨는 ○○이 메마른 사람이다.
골동품을 ○○하다.
○○은 '느끼어 움직이는 마음속의 기분이나 생각'을 말한다.

32 법원 ○○을 기다리다.
도둑은 판사의 ○○에 불복했다.
유죄 ○○을 내렸다.
어떤 일의 옳고 그름을 ○○하다.
판사는 피고인에게 무죄 ○○을 내렸다.

비 판단, 결정, 판정

33 우리는 ○○를 쫓느라고 놀지도 못했다.

○○는 허수아비를 무서워하지 않는다.

○○가 방앗간을 그냥 지나랴.

○○처럼 재잘거리다.

○○가 죽어도 짹 한다.

34 ○○○은 어떤 주제에 관하여 자신의 생각이나 주장을 체계적으로 밝혀 쓴 글이다.

대학교 입시에는 ○○○을 작성해야 한다.

솔이는 이번 글짓기대회에서 ○○○ 부문 1위를 차지했다.

건이는 설명문과 ○○○의 차이점과 공통점을 찾고 있다.

○○○은 신문의 사설과 비슷하다.

35 ○보다 해몽이 좋다.

나는 시험에서 100점 맞는 ○을 꾸었다.

너는 어떤 ○을 가지고 있니?

어젯밤에 무서운 ○에 시달렸다.

여기서 너를 만나리라고는 ○에도 생각지 못했다.

36 ✎ ○이 부족하다.

✎ 봄이 되니 ○이 예전보다 늘었다.

✎ ○을 설쳐 뜬 눈으로 밤을 샜다.

✎ 전화가 왔다고 해도 동생은 ○에 취해 영 일어나지 못했다.

✎ 간밤에 ○을 못 잤다.

비 수면

37 ✎ ○○와 같은 박수소리.

✎ ○○와 같은 갈채.

✎ ○○ 소리와 번개불이 일어나고 있다.

✎ ○○와 같은 고함을 치다.

✎ ○○의 다른 말은 천둥이다.

38 ✎ 심리○○가 섬세하다.

✎ 윤곽을 두드러지게 ○○하다.

✎ 그 사진은 사실적으로 ○○했다.

✎ 불만을 노골적으로 ○○하다.

✎ 성격을 잘 ○○한 작품이다.

비 기술, 서술, 표현

39
- 이 영화는 싸우는 ○○이 많다.
- 어제 감동적인 ○○을 목격했다.
- 섬뜩하고 오싹한 무서운 ○○이 많은 영화다.
- 그 연극은 주인공의 독백 ○○이 인상적이다.
- 이산가족의 감격적인 만남의 ○○이 눈시울을 적신다.

[비] 광경

40
- 철수는 의무교육 ○○을 마쳤다.
- 책을 만드는 ○○에서 잘못된 것이다.
- 오늘로 4학년 1학기 ○○을 마치고 여름방학에 들어간다.
- 문화재를 보면 우리나라 문화 발달 ○○을 알 수 있다.
- 모든 일은 결과만큼 ○○도 중요하다.

[비] 길, 경로

41
- ○○에 쫓기다.
- ○○ 가는 줄 모른다.
- 숙제하는 데 많은 ○○을 들이다.
- 열차는 제 ○○에 도착하였다.
- 이 시계는 ○○이 잘 맞지 않는다.

[비] 때, 시각 [반] 공간

42 ○○로 줄을 섰다.
제비뽑기를 하여 ○○를 정했다.
당연히 그의 ○○가 아닌가?
이번에는 명은이가 한턱 쏠 ○○이다.
추석에는 ○○를 지낸다.

43 ○○○에 비구름 모여들 듯 사람들이 모였구나.
벌써 ○○○인가, 사흘 걸러 비가 오네.
○○○로 접어들었다.
○○○에는 날씨가 좋지 않아 비행기가 이륙하기 어렵다.
○○○에는 산사태와 홍수를 조심해야 한다.

44 박물관에는 금관, ○○○ 등 많은 유물이 있다.
대체로 ○○○는 여자들이 많이 한다.
인류 최초의 ○○○는 조개껍질이나 생선가시, 나뭇잎 등이었다.
○○○ 재료로 금, 은, 진주 등이 있다.
몸치장을 하는 데 쓰는 제구, 비녀, 목걸이 등을 ○○○라 한다.

45 영민이는 ○○○ 게임에 몰두한다.

우리 반 친구들은 ○○○로 정보를 검색한다.

○○○는 '자동적으로 계산을 행하는 기계'라는 뜻이다.

우리 형은 노트북 ○○○를 샀다.

데이터를 ○○○에 입력하다.

46 ○○된 산과 강을 봐라.

도시의 대기 ○○ 상태가 심각하다.

이 지역은 지하수 ○○이 심각한 상태다.

공장폐수로 마을 우물이 ○○되었다.

환경 ○○으로 인해 피부병이 발생했다.

비 더러워짐

47 영어보다 ○○은 섬세한 표현이 많다.

○○은 천, 지, 인을 바탕으로 만들었다.

10월 9일은 ○○날이다.

○○은 세종대왕이 만들었다.

○○은 우리나라 고유 글자의 이름이다.

비 훈민정음

48 ✎ ○○○이란 소수와 정수 부분을 구별하기 위한 점이다.

✎ ○○○ 이하는 반올림해라.

✎ ○○○ 이상의 숫자가 5 이상이면 반올림해라.

✎ 16 나누기 3의 ○○○ 아래는 생략해라.

✎ 4.837의 ○○○ 아래를 쓰면 0.837이다.

49 ✎ 이재민을 ○○하다.

✎ ○○물자를 연이어 공급하다.

✎ 아시아의 해일사건 때문에 여러 나라에서 ○○물자를 공급한다.

✎ 따뜻한 ○○의 손길을 뻗다.

✎ ○○는 구조하여 보호하는 것을 뜻한다.

비 구제

50 ✎ 영미는 ○○ 때문에 치과에 갔다.

✎ ○○가 드러나게 웃는다.

✎ ○○ 교정을 하기 위해서는 많은 시간이 걸린다.

✎ ○○는 유치를 제때 뽑지 않아 생긴다.

✎ ○○는 이가 난 줄의 곁에 겹으로 난 이를 말한다.

Level : 5

다음 문장을 읽고 동그라미 친 곳에 어떤 단어가 들어갈지를 잘 생각해서 말해 보세요. 여러 번 읽어 보세요. 그리고 비슷한 말과 반대말을 힌트로 사용할 수도 있습니다.

연 습 문 제

1
- ○○하게 살다.
- 우리 집에 ○○이 가득하다.
- 당신의 ○○을 빕니다.
- ○○은 부에 있는 것이 아니다.
- 건강한 몸으로 일할 수 있는 것보다 ○○한 건 없다.

비 행운 반 불행

2
- ○○○○이란 어떤 고장 고유의 독특한 말이다.
- 부산에서 태어난 영태는 ○○○○을 잘 한다.
- ○○○○은 사투리하고 비슷한 점이 있다.
- 원래부터 그 고장에서 오래도록 써 온 말을 ○○○○이라고 한다.
- ○○○○과 비슷한 말로는 고유어, 토착어가 있다.

반 외래어

3
- 남의 말을 ○○하다.
- 잘못 들은 것이 아닌가 귀를 ○○했다.
- 철수는 유리창을 깬 사람으로 ○○을 받았다.
- ○○할 여지가 없다.
- 국희는 ○○이 가득한 눈으로 바라본다.

비 의혹, 의구 반 신뢰

4
- 기차가 ○○할 시간이다.
- 수민이는 지금쯤 ○○했을까?
- 이 열차는 서울에 몇 시쯤에 ○○합니까?
- 무사히 ○○하다.
- 거의 저녁때나 되어 ○○했다.

비 당도, 도달 반 출발

5
- ○○을 무릅쓰다.
- 그들은 ○○을 무릅쓰고 물에 빠진 아이를 구했다.
- 폭풍으로 배가 ○○에 빠졌다.
- 이제 ○○한 고비는 넘겼으니 안심이다.
- 그는 ○○이 닥쳐오는 것을 알지 못했다.

비 위태, 위급 반 안전

6 안방에 전기를 ○○해야 한다.

전화가 ○○되다.

끊어진 선을 ○○하다.

휴대폰은 전국의 통신을 ○○시켰다.

○○은 '맺어 합쳐지는 것'을 뜻한다.

비 결합, 연합, 접속 반 절단, 분리

7 수철이는 무엇이든지 하는 일이 ○○○○.

아직 어린 동생의 그림은 ○○○○.

어린 조카의 걸음걸이가 ○○○○.

배운 지 얼마 되지 않아 뜨개질이 ○○○○.

○○○○는 말은 '짜임새가 없고 허술하다.'는 것이다.

비 어리숙하다, 미덥지 않다

8 이순신 장군은 노량해전에서 ○○을 처치했다.

동네 아이들끼리 아군과 ○○으로 나누어 축구시합을 했다.

전쟁터에서 항복한 ○○을 돌봐주었다.

다친 ○○은 병원으로 후송했다.

○○이 바람처럼 밀어닥친다.

반 아군

9 그는 계획을 ○○으로 옮겼다.

그는 언제나 말과 ○○이 일치한다.

홍준이는 신사다운 ○○을 한다.

단체 여행 중에는 자기 멋대로 ○○을 해서는 안 된다.

급할수록 천천히 ○○하라.

비 활동, 행위

10 ○○○ 날씨가 변했다.

버스가 ○○○ 멈췄다.

○○○ 가슴이 뭉클해진다.

○○○ 일어난 일이라 영문을 모른다.

○○○은 '눈깜짝할 동안'이라는 뜻이다.

비 갑자기, 난데없이, 느닷없이

11 이제 그 소리만 들어도 ○○○.

생각만 해도 ○○○.

엄마의 잔소리가 ○○○.

너무 놀았더니 이젠 노는 것이 ○○○.

매일 똑같은 일을 반복하자니 ○○○.

비 지루하다, 싫증나다 반 즐겁다, 흥겹다

12
- ○○이 태산이다.
- 부모는 자나깨나 자식 ○○이다.
- 언니가 몸이 약해서 ○○이다.
- ○○해 주셔서 고맙습니다.
- '근심으로 속을 태우는 일'을 ○○이라 한다.

비 근심, 염려, 시름 반 안도, 안심

13
- 찬란한 아침 ○○이 아름답다.
- 강한 ○○에 눈이 부시다.
- 저녁 ○○이 방안까지 비친다.
- 구름 사이를 뚫고 비치는 한줄기 ○○을 봐라.
- 가을 ○○에 온갖 과일이 탐스럽게 익어 간다.

비 햇볕

14
- 공연히 ○○을 흘린다.
- ○○ 없이 볼 수 없는 영화다.
- 죄인이 참회의 ○○을 흘린다.
- 우리는 2002년 월드컵 때 4강에 들어 감격의 ○○을 흘렸다.
- 그녀는 하루 종일 ○○만 흘렸다.

15 전장의 ○○로 사라지다.

눈에 ○○이 맺힌다.

풀잎에 맺힌 아침 ○○은 영롱하다.

수증기가 모여서 ○○이 된다.

풀잎마다 ○○이 초롱초롱 맺힌다.

16 고생 끝에 얻은 ○○은 보람이 있다.

○○은 노력의 결실이다.

실패는 ○○의 어머니.

남달리 노력하는 재원이는 ○○할 것이다.

부모님은 자식의 ○○을 바라보고 산다.

[비] 성취 [반] 실패

17 ○○의 원인은 게으름이다.

이 영화의 흥행 ○○는 마케팅 탓이다.

○○의 원인을 남에게 돌리지 말라.

몇 차례 ○○한 뒤 성공하다.

실을 감아 두는 작은 도구를 ○○라 한다.

18 눈길에는 미끄러지기 ○○.

손이 많으면 일하기도 ○○.

이 상자는 부서지기 ○○.

내용이 복잡하여 헛갈리기 ○○.

그렇게 무리하다가는 건강을 해치기 ○○.

[비] 용이하다, 가능성이 많다 [반] 어렵다, 힘들다

19 그 여배우는 미모가 ○○거리다.

우리 축구팀은 막강 전력을 ○○한다.

자신만만한 말투로 ○○을 늘어놓는다.

우리 민족의 역사적 전통을 ○○한다.

한글의 우수성을 세계에 ○○한다.

[비] 뽐내다

20 병든 소녀의 ○빛은 창백하였다.

그와는 ○이 있는 사람이다.

그는 웃는 ○으로 들어왔다.

그를 대할 ○이 없다.

부모님의 ○을 깎는 행동은 하지 마라.

[비] 얼굴, 면

21 ○ 두 자루.

○으로 풀을 벤다.

○ 놓고 기역자도 모른다.

할아버지께서 ○을 찾고 계신다.

대장장이가 ○을 만들려고 담금질을 하고 있다.

22 지원이는 사과하는 철수를 냉정히 ○○했다.

그는 면회를 ○○했다.

하도 간곡하게 부탁해서 ○○할 수가 없었다.

부탁을 ○○당하다.

그녀의 ○○에 나는 자존심이 상했다.

비 거부, 사양 반 허락, 승낙

23 소문은 한○ 두○ 건너 순식간에 퍼진다.

○에 풀칠하기도 힘들다.

이 사실은 절대 ○ 밖에 내면 안 된다.

나는 그 얘기를 듣고 벌어진 ○을 다물지 못했다.

몸이 약한 그녀는 아프다는 말을 ○에 달고 다닌다.

24 나무에 ○이 무성하다.

나뭇○이 다 떨어졌다.

장미 꽃○에 물방울이 맺히다.

나뭇○이 바람에 바스락거린다.

나뭇○이 한잎 두잎 떨어지는 계절이 왔다.

25 ○○○○이란 '방향을 못 정하고 이리저리 헤매는 모양'이다.

주위에 동그랗게 원을 그려 넣으니까, 개미들이 길을 잃고 ○○○○한다.

○○○○하는 통에 일이 벌어졌다.

그의 대답이 ○○○○하여 갈피를 잡을 수가 없다.

○○○○하여 정신이 없다.

[예] 오락가락

26 회의가 ○○하게 진행되었다.

엔진이 ○○하게 작동한다.

예의는 사회생활을 ○○하게 한다.

○○한 가족관계를 위해서는 대화가 필요하다.

○○은 '일이 거침없이 잘 되어 나가는 것'을 뜻한다.

27 저 넓고 ○○○ 평야를 보라.

○○○ 대지 위를 달리는 말들을 봐라.

○○○ 겨울 바다를 보러 동해에 갔다.

○○○ 평야에서 일하는 농부의 모습이 보인다.

[비] 넓은, 광대한 [반] 협소한, 좁은

28 주변과 ○○를 이루다.

이건 또 무슨 ○○냐?

○○는 생화의 반대말이다.

빛깔이 ○○롭다.

서로 잘 어울리는 ○○의 미.

29 ○○이 말이 아니다.

○○ 차리지 말고 편히 앉아 많이 드세요.

그것은 ○○에 관계되는 문제다.

사람이 ○○이 있어야지.

자네는 지나치게 ○○을 따지는군.

[비] 면목, 모양새, 체통

30
- 사범대학은 교육자 ○○을 목적으로 하는 학교다.
- 나라에서는 우수한 기술자를 ○○한다.
- 공장에서는 숙련공을 ○○하기 위해 노력하고 있다.
- 학교에서는 인재 ○○에 역점을 둔다.
- ○○이란 실력이나 역량을 길러서 발전시키는 것이다.

비 기르다, 좋은 성질

31
- 산업 발전에 ○○○한 공로가 크다.
- 김구 선생님은 민족 공영에 ○○○했다.
- 할아버지께서는 사회 발전에 ○○○한 공로로 훈장을 받았다.
- 선교사들이 한국 교육계에 ○○○한 공로는 크다.
- 나는 어머니의 심부름으로 밥과 떡이 담긴 ○○○를 경주네 갖다드렸다.

비 도움이 되게 함, 공헌함, 정성스럽게 만든 음식

32
- 철수는 참을성이 ○○하다.
- 역사에 대한 인식이 ○○하다.
- ○○한 노동력을 기계로 대치하다.
- 자원○○은 심각한 문제다.
- 농촌에 일손이 ○○하다.

비 결핍, 불충분 반 충분, 풍족

33 그는 그녀의 아름다움에 ○을 잃고 말았다.

그는 그 광경을 ○을 잃고 바라보았다.

○ 나간 사람처럼 창밖을 멍하니 바라보고 있다.

억울한 ○을 달래다.

그는 ○ 놓고 멍하니 앉아 있다.

비 영혼, 정신 반 육체, 육신

34 월드컵의 함성이 경기장 가득 ○○○친다.

북한산에 오르니 ○○○가 울린다.

조국 통일 염원이 ○○○친다.

"야호" 소리는 ○○○가 되어 다시 나에게 돌아왔다.

그의 총성이 온 산에 ○○○쳤다.

비 반향, 산울림

35 ○○ 없는 무덤 없다.

잦은 지각에 버스 ○○만 댄다.

아프다는 ○○로 학교에 가지 않았다.

철수는 요리조리 ○○만 대고 일을 게을리한다.

그것은 ○○에 지나지 않는다.

비 구실

36 ○○이란 '매우 근심스런 마음'을 말한다.

아버지의 얼굴에 ○○이 가득하다.

깊은 ○○에 잠긴 어머니의 모습이 떠올랐다.

아버지는 ○○이 가득하시면서도 내색하지 않았다.

비 근심, 걱정, 염려

37 ○을 원수로 갚는다.

모든 것이 자네의 ○이네.

부모님은 우리들을 ○을 들여 기르신다.

이번 일이 성사되는 데는 그의 ○이 컸다.

전투에서 혁혁한 ○을 세우다.

비 공로, 공적

38 동생이 놀러가자고 어찌나 ○○를 대는지 견딜 수가 없다.

빚쟁이들의 ○○ 때문에 못살겠다.

자전거를 사달라고 ○○를 부린다.

○○는 몹시 조르거나 성가시게 구는 것을 뜻한다.

올림픽 대회장에 켜 놓은 횃불도 ○○라고 한다.

39 ○○은 나라도 망친다.
○○은 암흑이요, 지식은 광명이다.
○○이 드러났다.
○○하기로는 서로 피장파장이다.
○○은 '배우지 못해 아는 것이 없음'을 뜻한다.

비 무지, 우매 반 유식, 박식

40 이번 문제는 새로운 ○○으로 해결해야 한다.
철수는 지나치게 ○○을 따진다.
일기 ○○으로 쓰인 자서전이다.
○○에 얽매이지 말고 자유롭게 생각한다.
지나치게 ○○을 따지면 근본을 망각하게 된다.

비 형태, 양식, 격식 반 실질, 실체

41 ○○ 없이는 아무것도 얻을 수 없다.
○○한 보람도 없이 실패했다.
승원이의 승리는 부단한 ○○의 결과였다.
그는 목표 달성을 위해 ○○했다.
○○이란 목적을 이루기 위하여 몸과 마음을 다하여 애를 쓰는 것이다.

비 힘, 에너지

42

좁다란 ○○○을 따라 피어 있는 꽃들을 보았다.

짙은 새벽 안개로 뽀얀 ○○○은 아름답다.

○○○을 걸으니, 고향 생각이 난다.

숲 속 ○○○을 따라가면 작은 연못이 있다.

낙엽이 깔린 ○○○은 낭만적이다.

비 좁고 호젓한 길

43

사람○○을 톡톡히 해라.

그럴듯한 ○○을 대서 위기를 모면했다.

지친 마음에 짐짓 ○○을 만들어 쉬고 싶었다.

마땅히 해야 할 일, 맡아서 해야 할 일을 ○○이라고도 한다.

○○은 '핑계, 변명할 재료'라는 의미도 갖는다.

비 노릇, 역할

44

그는 전문대학에서 4년제 대학으로 ○○했다.

도시 주변 지역이 도시로 ○○되었다.

그는 3학년 ○○시험에 합격했다.

우리 동네가 성남시로 ○○되었다.

○○은 다른 부류나 단체 등에 끼어드는 것을 말한다.

45 인생을 연극에 ◯◯한다.

비둘기는 평화의 상징으로 ◯◯된다.

부모의 은혜를 바다에 ◯◯한다.

철수는 국어 시간에 ◯◯적인 표현을 이해하지 못했다.

◯◯란 비슷한 다른 사물을 빌려 표현하는 것을 말한다.

비 인유

46 ◯◯◯란 음식에서 두 그릇의 몫을 한 그릇에 담은 분량을 말한다.

철민이는 자장면을 ◯◯◯로 먹는다.

◯◯◯란 계속해서 두 번 거듭하는 것을 말한다.

수현이는 지각을 해서 청소를 ◯◯◯로 했다.

고 3인 형들은 평소보다 ◯◯◯로 더 열심히 공부한다.

47 부모는 자녀를 ◯◯◯ 사랑한다.

민호는 친구를 ◯◯◯ 위한다.

영수는 벌레를 ◯◯◯ 싫어해서 과민 반응을 보인다.

◯◯◯ 위하는 것이 무조건 좋은 것은 아니다.

◯◯◯는 '지독히, 대단히, 매우'라는 뜻이다.

비 지극히, 극진히

48 말 못할 ○○이 있다.

어찌된 ○○이냐?

○○이 복잡하다.

슬픈 ○○이 있다.

○○도 가지가지다.

비 까닭, 사정, 연유

49 ○○ 길에 오르다.

그는 곧 ○○할 예정이다.

승리의 기쁨을 안고 ○○하다.

유학에서 돌아온 그녀는 ○○ 독주회를 열었다.

그 소식을 듣고 ○○을 서둘렀다.

반 출국

50 뛰어난 사람 뒤에는 훌륭한 ○○이 있다.

좋은 책은 훌륭한 ○○이다.

그는 덕이 높은 어른을 ○○으로 삼았다.

○○의 은혜는 하늘같이 높다.

5월 15일은 ○○의 날이다.

비 사부, 선생님 반 제자

Level : 6

다음 문장을 읽고 동그라미 친 곳에 어떤 단어가 들어갈지를 잘 생각해서 말해 보세요. 여러 번 읽어 보세요. 그리고 비슷한 말과 반대말을 힌트로 사용할 수도 있습니다.

연 습 문 제

1
- 노래방에는 방음○○이 되어 있다.
- 그 병원은 최첨단 ○○과 기술을 자랑한다.
- 우리 동네는 편의○○이 부족하다.
- 저 아파트는 ○○이 좋다.
- ○○물에 손대지 마시오.

비 설치, 설비

2
- 우선 중요한 ○○부터 말해라.
- ○○이 무엇입니까?
- 현수는 급한 ○○이 생겨 집으로 갔다.
- 전화를 할 때는 ○○만 간단히 해야 한다.
- ○○이 있는 분은 안내 데스크로 오십시오.

비 볼일, 용무

3 아버지의 회사는 봄마다 ◯◯대회를 한다.

우리 반의 ◯◯을 위해 체육대회를 한다.

우리 모두 ◯◯하여 이 어려운 위기를 극복하자.

우리 팀은 ◯◯이 잘 된다.

◯◯은 마음과 뜻을 모은다는 의미다.

[비] 단결 [반] 분열

4 경찰들은 사건 직후 ◯◯를 감춘 용의자를 수배했다.

그의 ◯◯를 찾을 수 없다.

그들은 고구려 역사의 ◯◯를 더듬으며 유적을 탐사했다.

이 탑만이 옛 문명의 ◯◯를 남기고 있다.

◯◯란 어떤 것이 남긴 표시나 자리를 말한다.

[비] 자국, 흔적, 행방

5 향후 계획을 ◯◯◯ 설명하시오.

정독할 때는 책을 ◯◯◯ 읽어야 한다.

무슨 일이 있었는지 ◯◯◯ 말해 보거라.

◯◯◯ 살펴보면 숨은 그림을 찾을 수 있다.

예를 들어 ◯◯◯ 설명하세요.

[비] 속속들이, 상세히, 낱낱이

6 눈이 많이 오면 ○○이 든다.

농악을 하면서 ○○을 기원한다.

유사 이래 올해가 최대 ○○이다.

○○이 들어 온갖 곡식이 풍성하다.

잘하면 올해도 ○○이 들겠다.

반 흉년

7 ○○를 바르게 가지다.

학생 본연의 ○○로 돌아가다.

그는 언제나 긍정적인 ○○로 대처한다.

잘못된 ○○로 오래 앉아 있으면 허리가 굽는다.

일 하는 데 있어서는 적극적인 ○○가 중요하다.

비 몸가짐, 태도, 처신

8 희경이는 ○○하게 웃는다.

○○한 생활 태도는 장수의 비결이다.

정화는 참 ○○한 사람이다.

그곳에서 우리는 ○○하게 지냈다.

개그맨들은 ○○한 표정을 잘 짓는다.

반 불쾌

9 ◯◯는 사람의 마음을 완전히 사로잡는 것이다.

그의 연설은 청중을 ◯◯시켰다.

관객을 ◯◯시키는 명연기다.

가야금 소리를 들으니 그 소리에 ◯◯된다.

감동이 있는 연극은 관객을 ◯◯시킨다.

비 매혹

10 더위로 기력이 ◯◯되었다.

식욕이 ◯◯되었다.

현이의 공부 실력이 ◯◯되었다.

우리나라 축구팀의 실력이 ◯◯되었다.

할아버지의 시력이 ◯◯되셨다.

비 쇠퇴, 줄어듦 반 증진

11 우리 팀은 핸디캡을 ◯◯했다.

근검절약으로 어려움을 ◯◯하다.

노사 간 협조로 난국을 ◯◯하다.

고난과 시련을 ◯◯한다.

◯◯은 '악조건이나 고생 따위를 이겨내는 것'을 뜻한다.

비 이겨냄, 초극

12 고향에 온 ◯◯가 깊다.

그는 벅찬 ◯◯를 안고 학교를 떠났다.

지난날의 ◯◯가 새롭다.

광화문에 가면 월드컵 때의 ◯◯가 되살아난다.

◯◯란 지난 일을 돌이켜볼 때 느껴지는 회포다.

비 느낌, 감상

13 그는 새로운 ◯◯를 가지고 그 연구를 시작했다.

바둑에 ◯◯를 갖다.

그런 것들은 아무런 ◯◯도 끌지 못했다.

그 영화는 매우 ◯◯ 있었다.

◯◯란 '어떠한 사물에 대한 특별한 관심'을 일컫는다.

비 취미, 관심, 주의

14 해를 ◯◯할수록 두고 온 고향 생각이 간절하다.

◯◯ 폐를 끼쳐 죄송합니다.

◯◯ 강조하다.

실패를 ◯◯한 끝에 드디어 성공했다.

◯◯ 말하지만, 늦지 말아야 한다.

비 되풀이하여, 잇따라

15 시대에 ◯◯하다.

대세에 ◯◯하다.

회의 결과에 모두 ◯◯했다.

자연 속에 살려면 자연에 ◯◯해야 한다.

◯◯이란 환경에 맞추어 적응하는 것을 뜻한다.

[비] 순종, 적응 [반] 불응, 반항

16 나무 ◯◯이 제법 시원하다

버드나무 ◯◯에서 쉬자.

그는 언제나 형의 ◯◯에 묻혀 지냈다.

소녀의 얼굴에 ◯◯이 있다.

◯◯은 '불행이나 근심이 있어 흐려진 분위기나 표정'을 말한다.

[비] 응달, 보호 밑 [반] 양지

17 일이 착착 ◯◯된다.

회의가 원만하게 ◯◯된다.

공사 일정이 예정대로 ◯◯된다.

생명을 연장하기 위한 연구가 ◯◯ 중에 있다.

계획만 잡으면 일은 잘 ◯◯된다.

[비] 전진, 진척 [반] 정지

18 사람들이 ◯를 지어 몰려간다.

양치가 목동은 양◯를 몬다.

집오리◯ 속에 섞인 물오리.

쓰레기통에 파리◯가 득실거린다.

비둘기◯가 후루룩 날아오른다.

비 무리, 군

19 나가놀다가 ◯가 되면 들어오너라.

그 사람은 이제 도둑의 ◯를 벗었다.

공부하는 것도 다 ◯가 있는 법이다.

미소 지을 ◯가 예쁘다.

이제 이 문제에 대해 생각해야 될 ◯이다.

비 시간, 시기, 경우, 불순하고 속된 것

20 겨울 날씨가 ◯◯ 춥다.

◯◯ 기뻐서 덩실덩실 춤을 춘다.

아들의 실패에 ◯◯ 상심했다.

◯◯ 심하게 굴다.

그 소식을 듣고 ◯◯ 가슴아파한다.

비 매우, 대단히, 심하게, 무척, 아주, 되게, 퍽, 끔찍이

21 부모님의 건강을 (   ) 하다.
(   ) 해 주신 덕택에 잘 지냅니다.
그는 믿음직스럽지 않아서 매사에 (   ) 스럽다.
괜히 엄살떨고 난리치는 것이니 (   ) 하지 말라.
그토록 (   ) 해 주셔서 감사합니다.

뜻 걱정, 근심

22 보여 주신 (   ) 만으로도 족합니다.
남의 (   ) 에 보답하다.
그의 (   ) 는 오히려 나쁜 뜻으로 해석되었다.
친구의 (   ) 를 거절하다.
그는 친구의 (   ) 에 감사를 표시하였다.

뜻 친절한 마음씨, 선의 반 악의

23 민규는 상급 학교에 (   ) 했다.
(   ) 문제로 고민이 많다.
대학 (   ) 문제로 선생님께 상의를 드렸다.
중학교 과정을 뛰어넘고 고등학교로 (   ) 했다.
성적이 이래서는 그 학교에 (   ) 하기 어렵다.

24 할 일이 ○○인데 잠만 자고 있다.

갈수록 ○○이다.

그는 ○○ 같이 까닥도 하지 않았다.

티끌 모아 ○○.

할 말은 ○○ 같은데, 막상 만나서는 한 마디도 하지 못했다.

비 크고 많음

25 인간은 자연에 끊임없이 ○○한다.

감히 나에게 ○○하다니.

○○정신은 발전의 밑거름이다.

세계 기록에 ○○하다.

싸우기 위해 ○○적인 모습으로 나타났다.

26 위험을 ○○할 수 있겠느냐?

태풍으로 인한 농작물의 ○○.

캠핑 때는 불편을 ○○해야 한다.

십 년 ○○하다.

○○는 '질책, 고통 따위를 군말 없이 달게 받아들이는 것'을 뜻한다.

27 감이 ○○○○ 열렸다.

○○○○ 매달린 포도송이가 탐스럽다.

사과나무에 사과가 ○○○○ 달려 있다.

저 어미에게는 아이들이 ○○○○ 딸려 있다.

○○○○은 '열매 따위가 많이 매달려 있는 모양'을 나타내는 말이다.

[보기] 조랑조랑

28 힘들어도 참고 ○○○.

꼬마가 어려운 치료 과정을 잘 ○○○.

이 벼는 병충해에 잘 ○○○.

아무리 추워도 북극 동물들은 잘 ○○○.

인내심이 강한 사람은 고난을 잘 ○○○.

[보기] 지내다, 유지하다, 인내하다, 참다

29 학교 운동장에 흰눈이 ○○○○ 쌓여 있다.

음식이 그릇마다 ○○○○ 담겨 있다.

새파란 보리가 한 뼘씩이나 ○○○○ 자라나 있다.

밥을 공기마다 ○○○○ 담다.

○○○○은 '쌓이거나 담긴 물건이 모두 볼록하게 많은 모양'을 나타내는 말이다.

[보기] 수북수북

30 서광이 ○○○.

달빛이 마당을 환하게 ○○○.

연못에 모습을 ○○○.

어두운 그림자를 ○○○.

○○○는 '견주어 보다.'의 의미도 갖는다.

31 이불을 ○○○.

군중 속을 ○○○.

전국을 ○○○.

정민이는 자전거로 운동장을 ○○○.

○○○는 '이리저리 마음껏 활동한다.'는 의미다.

비 주름잡다, 활개 치다, 찡그리다

32 생각보다 너무 추워서 ○○을 하지 못하고 민박집을 잡았다.

등반대는 ○○을 하기 위해 빠른 손놀림으로 텐트를 쳤다.

지난 여름방학 때 우리 가족은 동해에서 ○○을 했다.

○○을 하기 위해서는 여러 가지 물품이 필요하다.

○○은 야외에서 천막을 치고 숙박하는 것을 말한다.

비 캠핑, 노영

33 ○○애를 보이다.

중국에 사는 우리 ○○.

고국에 계신 ○○ 여러분.

우리는 같은 피를 나누고 같은 말을 쓰는 ○○이다.

○○는 한 나라 또는 한 겨레에 딸려 있는 사람을 뜻한다.

비 동기, 겨레, 동족

34 계획을 즉시 ○○에 옮기다.

뜻은 좋으나 ○○이 문제다.

일단 정해진 대로 ○○하자.

그는 결심을 ○○에 옮겼다.

사업이 구상 단계에서 ○○ 단계로 옮아간다.

비 실행 반 이론

35 신문은 사회의 ○○이다.

실패를 ○○로 삼아라.

문학은 현실의 ○○이라고 한다.

그는 모든 사람의 ○○이 될 만큼 여러 면에서 훌륭한 사람이다.

○○을 보고 머리를 손질하다.

비 면경, 본보기, 귀감

36 공연이 성황을 ○○○.

단풍이 절정을 ○○○.

뜻을 ○○○.

목적을 ○○○.

작은 물방울이 모여 내를 ○○○.

비 이룩하다, 달성하다, 실천하다 반 실패하다

37 약속 장소에 ○○○.

서로 소식도 모른 채 오늘에 ○○○.

죽을 지경에 ○○○.

그의 음악성이 완숙의 단계에 ○○○.

잘 시간이 아직 ○○○.

비 다다르다, 도착하다

38 물가지수가 ○○에 달했다.

어제는 올 겨울 ○○의 추위였다.

세계 ○○의 기록을 세우다.

경식이는 성적은 꼴찌어도 인기는 ○○이다.

역시 고향이 ○○이다.

비 제일, 최상 반 최하, 최저

39 그 계획에는 나 ○○ 반대다.

결점은 많지만 ○○ 그를 좋아한다.

그도 ○○ 공채를 통해 입사했다.

그 사람은 지금도 ○○ 가난하다.

이 일은 ○○ 이 분야의 전문가가 맡는 게 좋겠다.

비 또한

40 산길이 ○○○.

학교 수업 분위기가 ○○○.

철수의 얼굴 표정이 ○○○.

화가 난 친구의 말씨가 ○○○.

○○○는 '사납고 위태롭다.'는 뜻이다.

41 그는 회사 ○○에 크게 공헌했다.

이야기가 의외의 방향으로 ○○했다.

자기 ○○을 위해 노력한다.

건전한 비판은 ○○의 원동력이 된다.

하찮은 일이 큰 사건으로 ○○했다.

비 발달, 진보 반 쇠퇴, 퇴보

42 언어의 ○○은 진화의 자연적인 한 과정이다.

열대성 저기압이 태풍으로 ○○했다.

서울은 교통이 ○○된 대도시다.

음악은 아이의 정서적 ○○에 좋다.

통신 산업의 ○○로 원거리 통신이 훨씬 편리해졌다.

비 성장, 진보 반 퇴보

43 어머니가 아기에게 ○을 물린다.

○ 먹던 힘까지 다 낸다.

민족의 ○줄인 한강.

나일강은 이집트의 ○줄이다.

○먹이를 영아, 유아라고 한다.

비 유즙

44 김장 김치에는 여러 가지 ○들이 들어간다.

조개로 담근 ○이다.

○을 절이다.

수희는 명란○을 좋아한다.

○은 생선의 알이나 창자 등을 소금에 짜게 절여 삭힌 음식을 말한다.

45 매월 말에 은행에 ○○을 내러 간다.
이것은 ○○이 포함된 가격이다.
○○을 부과하다.
○○을 체납하다.
○○ 혜택을 주다.

비 조세

46 ○○을 기르다.
나는 그것을 해 볼 만한 ○○이 없다.
나는 그녀의 ○○에 놀랐다.
이 일은 체력이 뛰어나고 여간한 ○○이 없이는 해 낼 수 없다.
○○이란 '사물을 두려워하지 않는 기력, 용감한 기운'을 말한다.

비 배짱, 용기

47 ○○ 사항이 있으면 말해 보세요.
○○서를 제출하다.
서로 다른 ○○ 사항이 대립하고 있다.
회원들의 ○○에 따라 휴게실을 설치하였다.
○○란 '개인이나 단체가 의견이나 희망을 내놓는 것'이다.

비 의견, 제의

48 ✎ 신 앞에 ◯◯하다.

✎ ◯◯를 지키다.

✎ ◯◯는 '사납고 세찬 기세'라는 의미도 있다.

✎ 비밀을 지킬 것을 ◯◯하다.

✎ 나는 ◯◯코 가지 않겠다.

비 선서, 서약, 약속

49 ✎ 밤 12시를 ◯◯이라고 한다.

✎ ◯◯을 알리는 종소리가 울렸다.

✎ 아버지는 사업으로 바빠 ◯◯이 넘어서 귀가하는 날이 많다.

✎ 원래 하천에는 상당한 ◯◯력이 있다.

✎ ◯◯이란 '오염된 물이나 땅 따위가 물리학적 · 화학적 · 생물학적 작용으로 저절로 깨끗해짐'을 말한다.

50 ✎ ◯◯에 시달리다.

✎ 흉년이 들어 ◯◯이 생기다.

✎ 그 나라에서는 3년에 걸친 ◯◯으로 많은 사람들이 굶어 죽었다고 한다.

✎ 생필품 ◯◯ 현상이 생기다.

✎ ◯◯이란 '흉년이 들어 먹을 양식이 모자라 굶주림'을 말한다.

비 굶주림, 기아, 부족

4. 문장력 및 읽기 이해력 향상

1) 육하원칙 배우기

(1) 누가, 언제, 어디서?

다음 빈칸에 알맞은 말을 생각해서 적어 보세요.

누가	언제	어디서
	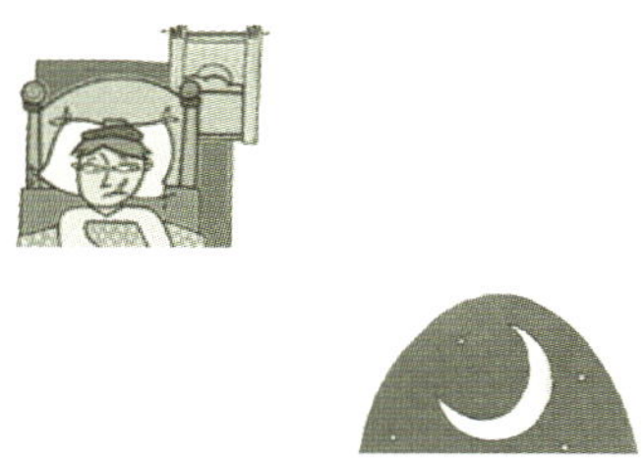	
아빠가	아침에	집에서
엄마가	밤에	빵집에서

(2) 무엇을, 어떻게, 했나/(왜)?

다음 빈칸에 알맞은 말을 적으세요.

무엇을	어떻게	했나/(왜)?

공부를	재미있게	가르쳐 주셨다.
빵을	많이	사오셨다.

2) 그림을 보고 문장 만들기

(1) 짧은글 만들기 : 누가, 무엇을, 하나요?

왼쪽의 그림을 보고 다음의 예처럼 문장을 만들어 보세요.

누가	무엇을	한다
소년이	축구를	합니다.
소녀가	강아지와	놉니다.
강아지가	과자를	먹습니다.

<table>
<tr><td rowspan="2"></td><td></td></tr>
<tr><td></td></tr>
<tr><td rowspan="2"></td><td></td></tr>
<tr><td></td></tr>
<tr><td rowspan="2"></td><td></td></tr>
<tr><td></td></tr>
</table>

(2) 중간글 만들기 : 누가, 언제, 어디서, 무엇을, 어떻게, (왜)하나요?

왼쪽의 그림을 보고 다음의 예처럼 문장을 만들어 보세요.

누가	언제	어디서	무엇을/어떻게	(왜)한다
나는 동생이	방학 때 어제	농장에서 놀이터에서	사슴을 넘어져서	보았다. 다쳤다.

(3) 복문 만들기

그림 안에서 어떤 일이 일어나고 있는지 말하고 써 보세요.

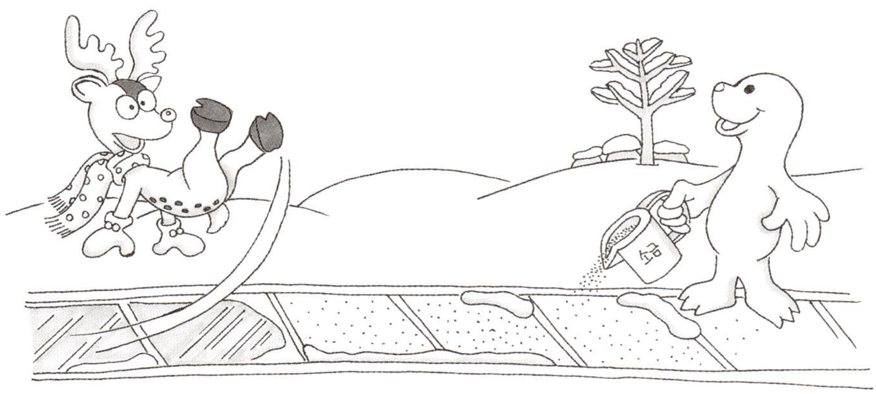
소금

3) 논리적 순서에 따라 문장 만들기 : 그림 순서를 찾아 이야기 꾸미기

이야기가 잘 통하도록 그림의 순서를 정하고 이야기를 만들어 보세요.

순서 :

이야기 :

순서 :

이야기 :

순서 :

이야기 :

순서 :

이야기 :

순서 :

이야기 :

1

2

3

4

5

순서 :

이야기 :

순서 :

이야기 :

순서 :

이야기 :

4) 문장을 시각화하기

(1) 짧은 문장을 그림으로 표현하기

다음 문장을 읽고 그림으로 표현해 보세요.

소년이 아빠와 함께 자전거를 타고 있다.	엄마가 내 생일선물로 가방과 신발을 사오셨다.
나는 너무 졸려서 모자와 양말을 신은 채로 쓰러져 잠이 들었다.	아빠와 축구를 하다가 목이 말라 콜라를 마셨다.

학교 가는 길에 노랑, 분홍, 하얀 코스모스가 예쁘게 피어 있었다.

선생님께서 산수 문제를 풀어 보라고 하셨는데, 잘 풀지 못해서 창피했다.

그제 저녁 도서관에서 책을 보고 있는데, 누군가 어깨를 두드려 깜짝 놀라 뒤돌아보니 담임 선생님께서 웃고 계셨다.

어젯밤에 비행기를 타고 미국에 있는 고모집에 놀러가는 꿈을 꾸었다.

(2) 글을 읽고 부호, 그림, 상징 등으로 표현해 보기

다음 글을 읽으면서 생각나는 것을 옆에 그림으로 표현해 보세요(예시).

그늘

나는 커다란 그늘이 되고 싶다.
여름날 더위에 지친
사람들과 동물들, 그리고
여린 풀과, 어린 개미, 풀무치, 여치…….
그들에게 시원한 그늘이 되고 싶다.

그러나 나는 아직 작아
조그만 그늘만 드리우고 있다.
언젠가 나는 크고 튼튼하게 자라
이 세상 모든 사랑스러운 것들을
내 그늘 속에 품어 주고 싶다.

햇빛이 강하고 뜨거울수록
더욱 두터운 그늘이 되어
그들을 품어 주고 싶다.

[출처 : 초등6 국어 교과서]

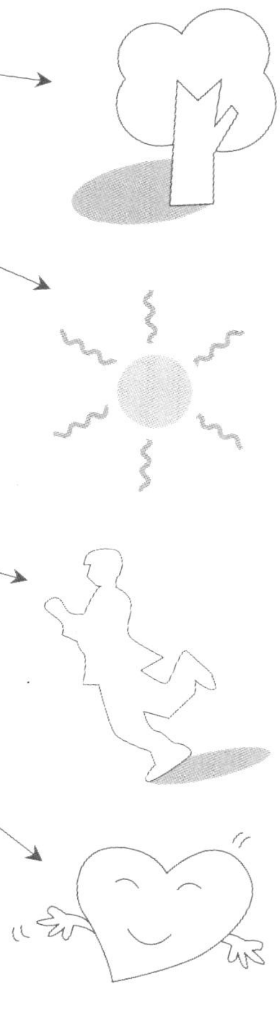

다음 글을 읽으면서 생각나는 것을 옆에 그림으로 표현해 보세요.

임금의 명령

어느 날 임금이 신하들과 함께 높은 산 위에 올라 백성들이 사는 모습을 구경했습니다.

길에는 많은 사람들이 나와서 북적거렸습니다. 농사꾼들은 지게를 지고 바쁘게 걸어 다니고, 장사꾼들은 저마다 팔 물건들의 이름을 큰소리로 외치며 다녔습니다.

흥정을 하는 사람들은 쭈그리고 앉아 실랑이를 벌이고 있었습니다. 노인들은 양지바른 곳에 앉아서 해바라기를 하고, 아이들은 어른들 틈 사이로 요리조리 빠져다니며 술래잡기를 하였습니다.

임금은 눈살을 찌푸렸습니다. "백성들이 다니는 모습이 질서가 없구나. 저러다가 무슨 사고가 나지 않겠느냐?"

[출처 : 초등6 국어 교과서]

다음 글을 읽으면서 생각나는 것을 옆에 그림으로 표현해 보세요.

사내아이, 계집아이 할 것 없이, 어머니의 젖을 억지로 뗀 것처럼, 눈이 빨개지도록 훌짝훌짝 울면서 또는 흑흑 흐느끼면서 쫓겨 나갔다.

아이들의 등 뒤에서 이 정경을 바라보던 영신의 얼굴에 어리었던 눈물이 주르르 흘러내렸다. 영신은 그 눈물을 아이들에게 보이지 않으려고 소매로 얼굴을 가리며 돌아섰다. 한참이나 진정을 하고 나서는, 저희들 깐에도 동무들을 내쫓고 공부를 하게 된 것이 미안쩍은 듯이 머리를 떨어뜨리고 앉은 나머지 여든 명을 정돈시켜 놓고, 차마 내키지 않은 걸음으로 칠판 앞으로 갔다. 그는 새로운 과정을 가르칠 경황이 없어서, “오늘은 우리 복습이나 하지.” 하고, 교과서로 쓰는 ‘농민 독본’을 펴 들었다.

아이들은 독본에 있는 대로, “누구든 학교로 오너라”, “배워야 무슨 일이든지 한다.” 하고, 풀이 죽은 목소리로 외기를 시작한다.

[출처 : 초등6 국어 교과서 심훈의 ‘상록수’ 중에서]

다음 글을 읽으면서 생각나는 것을 옆에 그림으로 표현해 보세요.

시장이 허락하자, 만카는 남편이 특별히 좋아하는 요리로 저녁을 정성껏 준비했습니다. 남편도 그가 가장 아끼는 포도주를 따서 만카와 이별주를 들었습니다. 그리고 음식을 맛있게 먹고 또 먹었습니다. 식사와 함께 포도주도 계속 곁들었으므로 시장은 마침내 술에 취하여 의자에서 그대로 잠이 들어 버렸습니다. 이때를 기다렸다는 듯이 만카는 남편을 깨우지 않고 그대로 마차에 태워 아버지집으로 데려갔습니다.

이튿날 아침, 눈을 뜬 시장은 바로 양치기의 오두막에 누워 있는 자신을 발견하고 고함을 쳤습니다.

"이게 어떻게 된 일이야?" 그러자, 만카가 상냥하게 대답했습니다. "여보, 아무 일도 아니에요. 당신, 저한테 가장 좋아하는 것 하나를 집에서 가지고 나와도 된다고 하셨죠? 그래서 전 가장 좋아하는 당신을 데려온 것뿐이에요. 그게 다예요."

[출처 : 중2 국어 교과서 '현명한 아내 만카' 중에서]

다음 글을 읽으면서 생각나는 것을 옆에 그림으로 표현해 보세요.

먹장구름 한 장이 머리 위에 와 있다. 갑자기 사면이 소란스러워진 것 같다. 바람이 우수수 소리를 내며 지나간다. 삽시간에 주위가 보랏빛으로 변했다. 산을 내려오는데, 떡갈나무 잎에서 빗방울 듣는 소리가 난다. 굵은 빗방울이었다. 목덜미가 선뜩선뜩했다. 그러자 대번에 눈앞을 가로막는 빗줄기.

비안개 속에 원두막이 보였다. 그리로 가 비를 그을 수밖에… . 그러나 원두막은 기둥이 기울고 지붕도 갈래갈래 찢어져 있었다. 그런대로 비가 덜 새는 곳을 가려 소녀를 들어서게 했다. 소녀의 입술이 파랗게 질렸다. 어깨를 자꾸 떨었다. 무명 겹저고리를 벗어 소녀의 어깨에 싸 주었다. 소녀는 비에 젖은 눈을 한 번 쳐다보았을 뿐, 소년이 하자는 대로 잠자코 있었다. 그리고는 안고 온 꽃묶음 속에서 가지가 꺾이고 꽃이 일그러진 송이를 골라 발밑에 버린다. 소녀가 들어선 곳도 비가 새기 시작했다. 더 거기서 비를 그을 수 없었다.

밖을 내다보던 소년이 무엇을 생각했는지 수수밭 쪽으로 달려간다. 세워 놓은 수숫단 속을 비집어 보더니, 옆의 수숫단을 날라다 덧세운다. 다시 속을 비집어 본다. 그리고는 이쪽을 향해 손짓을 한다. 수숫단 속은 비가 안 새었다. 그저 어둡고 좁은 게 안 됐다. 앞에 나앉은 소년은 그냥 비를 맞아야만 했다. 그런 소년의 어깨에서 김이 올랐다. 소녀가 속삭이듯이, 이리 들어와 앉으라고 했다. 괜찮다고 했다. 소녀가 다시 들어와 앉으라고 했다. 할 수 없이 뒷걸음질을 쳤다. 그 바람에, 소녀가 안고 있는 꽃묶음이 망그러졌다. 그러나 소녀는 상관없다고 생각했다.

[출처 : 중1 국어 교과서 황순원의 '소나기' 중에서]

5) 마인드맵을 이용해서 글쓰기

다음 주제에 대해서 생각나는 단어를 빈칸에 적어 보세요(예시).

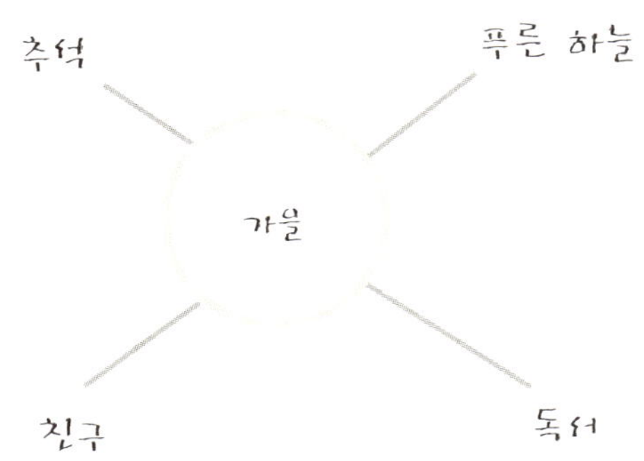

위에 적은 단어를 사용해서 짧은글을 만들어 보세요.

- 가을에는 푸른 하늘이 참 아름답다.
- 가을에는 선선한 바람이 불어서 독서하기에 좋다.
- 추석에는 음식도 많고 가족도 많이 모여 부자가 된 듯한 기분이다.
- 낙엽이 떨어지고 추워지면 오래전에 헤어진 친구가 생각난다.

〈연습 1〉

우리 가족

위에 적은 단어를 사용해서 짧은글을 만들어 보세요.

〈연습 2〉

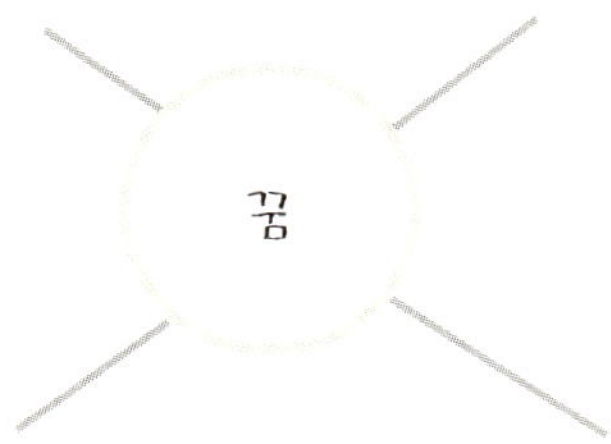

위에 적은 단어를 사용해서 짧은글을 만들어 보세요.

〈연습 3〉

학교

위에 적은 단어를 사용해서 짧은글을 만들어 보세요.

〈연습 4〉

웃음

위에 적은 단어를 사용해서 짧은글을 만들어 보세요.

〈연습 5〉

친구

위에 적은 단어를 사용해서 짧은글을 만들어 보세요.

6) 언어적 추론 및 독해능력 향상

(1) 빈칸 채우기

다음 글을 읽으면서 빈칸에 알맞은 말을 생각해서 적어 보세요.

옛날에 워셔블이라는 곰돌이 인형이 있었다. 그 1________은 처음에 샀을 때 귀에 걸린 꼬리표에 적혀 있었던 것을 주인이었던 아이가 그대로 부르기 시작하면서부터 붙여졌다. 벌써 오래전의 일이다. 2________는 이제 학교에 다니고 있고, 곰돌이와 3________에는 너무 커 버렸다. 워셔블도 그 긴 세월을 아무런 흔적 없이 살 수는 없었다. 이곳저곳을 4________으로 기웠고, 5________은 그간 자주 빨고 빗어댔기 때문에 거의 다 빠졌다.

그래서 워셔블은 소파의 한쪽 구석에 6________를 잡고 앉은 채 멍청히 앞만 바라보며 지냈다. 밤낮으로 오직 한 자리에 앉아 지내는 것은 별로 흥미로운 일이 못 되었다. 7________ 조금씩 몸을 흔들어 춤을 추기도 했다. 물론, 아무도 보는 이가 없을 때만 그렇게 했다. 곰돌이 인형이라는 것이 원래 8________이 약간 둔하기 때문에 그렇게 하지 않으면 창피할 것 같아서였다.

어느 날, 여느 때처럼 워셔블이 소파의 한쪽 구석에 앉아 있는데, 파리가 한 마리 들어와 주위를 9________ 돌더니 냉큼 콧잔등에 앉았다.

"10________!" 파리가 말했다.

"안녕!" 워셔블도 11________를 동그랗게 가운데로 몰아가며 인사했다.

[출처 : 초등6 국어 교과서 미카엘 엔데의 '곰돌이 워셔블의 여행' 중에서]

옳게 추측한 문항 수		칸을 비워 둔 것	

(2) 질문 만들기

다음 글을 읽고 오른쪽의 빈칸에 질문과 답을 만들어 보세요.

오늘이 바로 초등학교 6학년 친구들과 약속한, 졸업한 지 20년 되는 날이다. 아침부터 가슴이 두근거렸다. '친구들은 나처럼 약속을 잊지 않고 나올까? 혹시 나 혼자만 운동장에 덩그러니 남게 된다면 어쩌지?' 하는 여러 가지 생각들이 떠올랐다. 운동장에 도착해 보니 아직 아무도 나와 있지 않았다.

[출처 : 초등6 국어 교과서 '20년 후의 만남' 중에서]

질문 만들기

예 주인공이 만나기로 한 사람들은 누구일까요?

답 초등학교 6년 동창생

질문 1

답

질문 2

답

다음과 같은 질문을 만들 수 있습니다. 자신이 만든 것과 비교해 보세요.

질문 1 : 주인공이 만나기로 한 사람들은 누구일까요?

초등 6학년 동창생

질문 2 : 약속 장소는 어디일까요?

학교 운동장(아마도 주인공이 졸업한 초등학교 운동장일 것 같다.)

질문 3 : 아직 아무도 나와 있지 않은 이유는 무엇일까요?

주인공이 일찍 도착해서 / 다른 친구들은 약속을 잊어버렸기 때문에 / 교통 체증으로 인해 / 주인공이 날짜 계산을 잘못해서

어떤 글을 읽으면서 스스로 질문을 만들어야 하는 경우, 그냥 읽을 때와는 달리 더 집중해서 읽어야 하고 여러 번 반복해서 읽어야 하는 경우도 생깁니다. 즉, 질문을 만들고 답을 찾는 활동은 생각을 더 깊게 하고 글의 내용을 더 잘 이해할 수 있도록 합니다. 여러분이 할 수 있는 질문의 유형에는 몇 가지가 있습니다.

질문 1 : 글 속에 답이 분명하게 나타나 있는 경우입니다. 이 질문에 답을 하기 위해서는 글을 자세히 살펴보면 됩니다.

질문 2 : 글 속에 답이 있지만 겉으로 분명하게 드러나지 않기 때문에 생각을 해야 알 수 있는 경우입니다. 약속 장소는 분명히 밝혀져 있지 않지만, '운동장에 도착해 보니'라는 말 속에서 약속 장소가 학교라는 것을 알 수 있습니다.

질문 3 : 글 속에 답이 없지만 글 내용과 관련된 우리의 경험을 통하여 여러 가지 추측을 할 수 있는 질문입니다. 이런 질문에 답을 하기 위해서는 일상의 경험과 지식을 되돌아보아야 합니다.

질문 1보다는 질문 2와 질문 3이 생각을 더 많이 할 수 있도록 해 줍니다. 글을 읽을 때 질문을 만들고 답해 보는 것은 학습능력을 향상시키는 데 많은 도움이 됩니다.

다음 글을 읽으면서 질문을 만들고 답해 보세요(예시).

옛날에 워셔블이라는 곰돌이 인형이 있었다. 그 1 이름은 처음에 샀을 때 귀에 걸린 꼬리표에 적혀 있었던 것을 주인이었던 아이가 그대로 부르기 시작하면서부터 붙여졌다. 벌써 오래전의 일이다. 2 아이는 이제 학교에 다니고 있고, 곰돌이와 3 놀기에는 너무 커 버렸다. 워셔블도 그 긴 세월을 아무런 흔적 없이 살 수는 없었다. 이곳저곳을 4 헝겊으로 끼웠고, 5 털은 그간 자주 빨고 빗어댔기 때문에 거의 다 빠졌다.

그래서 워셔블은 소파의 한쪽 구석에 6 자리를 잡고 앉은 채 멍청히 앞만 바라보며 지냈다. 밤낮으로 오직 한 자리에 앉아 지내는 것은 별로 흥미로운 일이 못 되었다. 7 그래서 조금씩 몸을 흔들어 춤을 추기도 했다. 물론, 아무도 보는 이가 없을 때만 그렇게 했다. 곰돌이 인형이라는 것이 원래 8 행동이 약간 둔하기 때문에 그렇게 하지 않으면 창피할 것 같아서였다.

어느 날, 여느 때처럼 워셔블이 소파의 한쪽 구석에 앉아 있는데, 파리가 한 마리 들어와 주위를 9 빙빙 돌더니 냉큼 콧잔등에 앉았다.

"10 안녕!" 파리가 말했다.

"안녕!" 워셔블도 11 눈동자를 동그랗게 가운데로 몰아가며 인사했다.

[출처 : 초등6 국어 교과서 미카엘 엔데의 '곰돌이 워셔블의 여행' 중에서]

질문 만들기

1. 워셔블이라는 이름이 붙여진 이유는?

꼬리표에 적혀 있던 말을 그대로 사용하면서(워셔블은 영어로 '세탁 가능'을 뜻하는 말이다.)

2. 워셔블이 버려지지 않은 이유는 뭘까?

아마도 주인 아이가 워셔블을 많이 아끼기 때문일 것이다.

3. 춤추는 것을 창피하게 여겼던 이유는?

행동이 둔해서 이상해 보일까봐...

4. 파리와는 앞으로 어떤 이야기가 펼쳐질까?

제목으로 봐서 파리와 함께 어딘가 여행길에 오르지 않을까?

다음 글을 읽으면서 빈칸에 알맞은 말을 생각해서 적어 보세요.

"뭐하니?" 파리가 1_________.

"여기 그냥 앉아 있어." 워셔블이 말했다.

"글쎄, 그런 것 같구나." 파리가 윙윙대며 말했다.

"그런데 무엇하려고?"

"그냥." 파리가 가만히 2_________에 잠기는 듯했다.

"그렇지만 무슨 3_________이 있을 텐데."

"없어. 그런데 그게 그렇게 4_________한 거니?" 워셔블이 말했다.

"그럼, 얼마나 중요한데!" 파리가 여전히 윙윙대며 말했다.

"이 5_________에서 가장 중요한 거야. 예를 들어서 나는 빙빙 돌고, 모든 것을 맛보기 위해 존재하는 거야. 너도 빙빙 돌고, 맛보는 것을 할 수 있어?"

"아니."

"아니? 기가 막혀!" 파리가 가소롭다는 듯이 윙윙대며 말했다.

"6_________가 왜 세상에 살고 있는지도 모르다니! 넌 7_________야! 아주 형편없는 바보라고!" 파리는 워셔블의 8_________ 위를 몇 바퀴 돌면서 콧노래를 했다.

"바보래요. 바보래요. 아무것도 모른대요·······." 그런 다음 파리는 9_________ 날아갔다.

워셔블은 곰곰이 10_________해 보았다.

[출처 : 초등6 국어 교과서 미카엘 엔데의 '곰돌이 워셔블의 여행' 중에서]

옳게 추측한 문항 수		칸을 비워 둔 것	

다음 글을 읽으면서 질문을 만들고 답해 보세요.

"뭐하니?" 파리가 1 물었다.
"여기 그냥 앉아 있어." 워셔블이 말했다.
"글쎄, 그런 것 같구나." 파리가 윙윙대며 말했다.
"그런데 무엇하려고?"
"그냥." 파리가 가만히 2 생각에 잠기는 듯했다.
"그렇지만 무슨 3 까닭이 있을 텐데."
"없어. 그런데 그게 그렇게 4 중요한 거니?" 워셔블이 말했다.
"그럼, 얼마나 중요한데!" 파리가 여전히 윙윙대며 말했다.
"이 5 세상에서 가장 중요한 거야. 예를 들어서 나는 빙빙 돌고, 모든 것을 맛보기 위해 존재하는 거야. 너도 빙빙 돌고, 맛보는 것을 할 수 있어?"
"아니."
"아니? 기가 막혀!" 파리가 가소롭다는 듯이 윙윙대며 말했다.
"6 자기가 왜 세상에 살고 있는지도 모르다니! 넌 7 바보야! 아주 형편없는 바보라고!" 파리는 워셔블의 8 머리 위를 몇 바퀴 돌면서 콧노래를 했다.
"바보래요. 바보래요. 아무것도 모른대요······." 그런 다음 파리는 9 멀리 날아갔다.
워셔블은 곰곰이 10 생각해 보았다.

[출처 : 초등6 국어 교과서 미카엘 엔데의 '곰돌이 워셔블의 여행' 중에서]

질문 만들기

다음 글을 읽으면서 빈칸에 알맞은 말을 생각해서 적어 보세요.

'난 정말 바보인지도 몰라. 자신이 이 1______에 왜 살고 있는지 다들 알고 있다면 나도 당연히 알아야겠지. 한번 여기저기 찾아가 물어보면 2______을 구할 수 있을지도 몰라.' 낡은 곰돌이 인형은 소파에서 스르르 미끄러져 내려와 바깥으로 뒤뚱뒤뚱 걸어나갔다.

워셔블은 생각에 잠긴 채 타박타박 걸어가다가 3______이 만발해 있는 풀밭에 도착했다. 워셔블은 풀밭에 앉아 다리쉬임을 하며 바쁘게 꽃 사이를 날아다니는 꿀벌을 쳐다보았다.

"저기, 있잖아? 4______싶은 것이 있는데······." 워셔블이 말을 붙였다.
"5______없어, 5______없어!" 꿀벌이 말하며 바로 옆에 있는 꽃으로 급하게 날아갔다.
"넌 왜 이 세상에 살고 있는지 혹시 알고 있니?"
"6______이지!" 꿀벌이 말을 이었다.
"그런 것쯤이야 이미 애벌레 때부터 알고 있었는걸. 부지런히 움직이고, 7______을 모으고, 벌집을 만들기 위해서 사는 거야."
"부지런히 움직인다고? 그거 어떻게 하는 건데?"
"부지런하다는 것은 그냥 부지런하다는 거야. 항상 무언가를 하면서 8______에서 일을 놓지 않고, 절대로 9______을 피우지 않는 거지. 그런 것 몰라?"
"몰라." 워셔블이 말하자, 꿀벌이 화를 냈다.
"이런 쓸데없는 10______를 하고 있을 시간 없어! 일을 해야겠어. 그러니 어서 비켜줘. 그렇지 않으면 너를 11______버릴 거야."
낡아빠진 곰돌이 인형은 벌한테 쏘이고 싶지 않아 얼른 비켰다.

[출처 : 초등6 국어 교과서 미카엘 엔데의 '곰돌이 워셔블의 여행' 중에서]

옳게 추측한 문항 수		칸을 비워 둔 것	

다음 글을 읽으면서 질문을 만들고 답해 보세요.

'난 정말 바보인지도 몰라. 자신이 이 1 세상에 왜 살고 있는지 다들 알고 있다면 나도 당연히 알아야겠지. 한번 여기저기 찾아가 물어보면 2 해답을 구할 수 있을지도 몰라.' 낡은 곰돌이 인형은 소파에서 스르르 미끄러져 내려와 바깥으로 뒤뚱뒤뚱 걸어나갔다.

워셔블은 생각에 잠긴 채 타박타박 걸어가다가 3 꽃이 만발해 있는 풀밭에 도착했다. 워셔블은 풀밭에 앉아 다리쉬임을 하며 바쁘게 꽃 사이를 날아다니는 꿀벌을 쳐다보았다.

"저기, 있잖아? 4 묻고 싶은 것이 있는데……." 워셔블이 말을 붙였다.
"5 시간 없어, 5 시간 없어!" 꿀벌이 말하며 바로 옆에 있는 꽃으로 급하게 날아갔다.
"넌 왜 이 세상에 살고 있는지 혹시 알고 있니?"
"6 물론이지!" 꿀벌이 말을 이었다.
"그런 것쯤이야 이미 애벌레 때부터 알고 있었는걸. 부지런히 움직이고, 7 꿀을 모으고, 벌집을 만들기 위해서 사는 거야."
"부지런히 움직인다고? 그거 어떻게 하는 건데?"
"부지런하다는 것은 그냥 부지런하다는 거야. 항상 무언가를 하면서 8 손에서 일을 놓지 않고, 절대로 9 게으름을 피우지 않는 거지. 그런 것 몰라?"
"몰라." 워셔블이 말하자, 꿀벌이 화를 냈다.
"이런 쓸데없는 10 이야기를 하고 있을 시간 없어! 일을 해야겠어. 그러니 어서 비켜줘. 그렇지 않으면 너를 11 쏘아 버릴 거야."
낡아빠진 곰돌이 인형은 벌한테 쏘이고 싶지 않아 얼른 비켰다.

[출처 : 초등6 국어 교과서 미카엘 엔데의 '곰돌이 워셔블의 여행' 중에서]

질문 만들기

다음 글을 읽으면서 빈칸에 알맞은 말을 생각해서 적어 보세요.

하루는 여우 한 마리가 포도밭 주위를 서성거리면서 어떻게 해서든지 그 안으로 들어가려고 1______를 쓰고 있었다. 그런데 2______가 쳐 있어서 좀처럼 들어갈 수가 없었다. 생각 끝에 여우는 사흘 동안을 굶어 3______을 홀쭉하게 만든 다음, 가까스로 울타리를 뚫고 들어가는 데 4______했다.

포도밭으로 들어간 여우는 맛있는 포도를 5______ 먹은 다음, 막상 다시 포도밭에서 나오려 했으나, 6______가 불러 빠져나올 수가 없었다. 7______ 여우는 다시 사흘 동안을 8______ 몸을 홀쭉하게 만든 뒤에야 겨우 빠져나올 수가 있었다.

이때 여우는 다음과 같이 소감을 말했다.
"젠장, 배고프기는 들어갈 때나 나올 때나 9______가지구나."
사람도 그와 마찬가지다. 사람은 누구나 알몸으로 태어났다가 10______ 때 역시 알몸으로 돌아가게 마련이다.

[출처 : '탈무드' 중에서]

옳게 추측한 문항 수		칸을 비워 둔 것	

다음 글을 읽으면서 질문을 만들고 답해 보세요.

	질문 만들기
하루는 여우 한 마리가 포도밭 주위를 서성거리면서 어떻게 해서든지 그 안으로 들어가려고 1 기를 쓰고 있었다. 그런데 2 울타리가 쳐 있어서 좀처럼 들어갈 수가 없었다. 생각 끝에 여우는 사흘 동안을 굶어 3 몸을 홀쭉하게 만든 다음, 가까스로 울타리를 뚫고 들어가는 데 4 성공했다. 포도밭으로 들어간 여우는 맛있는 포도를 5 실컷 먹은 다음, 막상 다시 포도밭에서 나오려 했으나, 6 배가 불러 빠져나올 수가 없었다. 7 그래서 여우는 다시 사흘 동안을 8 굶어 몸을 홀쭉하게 만든 뒤에야 겨우 빠져나올 수가 있었다. 이때 여우는 다음과 같이 소감을 말했다. "젠장, 배고프기는 들어갈 때나 나올 때나 9 마찬가지구나." 사람도 그와 마찬가지다. 사람은 누구나 알몸으로 태어났다가 10 죽을 때 역시 알몸으로 돌아가게 마련이다. [출처 : '탈무드' 중에서]	

저자약력

■ **최정원**

성심여자대학교 심리학과 학사
가톨릭대학교 대학원 심리학과 석사
가톨릭대학교 대학원 심리학과 박사과정
가톨릭대학교 학생생활상담소 상담 및 임상 인턴과정 수료
계요병원 신경정신과 임상심리전문가 수련
중앙 길병원 신경정신과 임상심리전문가 수련
한국발달심리연구소 연구원
한림인지학습연구원 임상심리전문가
(현) 임상심리연구소 학습과 사랑 대표

[저서 및 논문]
학습효율성증진 프로그램(한국발달심리연구소, 2003)
학습기술개입에 관한 개관(학생생활상담, 2002)외

■ **이영호**

서울대학교 심리학과 학사
서울대학교 대학원 심리학과 석사
서울대학교 대학원 심리학과 박사
서울대학교병원 신경정신과 임상심리전문가 수련
임상심리전문가
정신보건임상심리사 1급
한국임상심리학회 회장 역임
(현) 가톨릭대학교 사회과학부 교수

[저서 및 논문]
K-WAIS 실시요강(공저, 한국가이던스, 1992)
심리학-인간의 이해(공저, 학지사, 1996)
임상심리학입문(역서, 학지사, 2001)외 다수

학생용 워크북

학습치료 프로그램
기초학습능력 향상 전략 ⑦

2006년 8월 30일 1판 1쇄 발행
2019년 6월 20일 1판 7쇄 발행

지은이 • 최정원 · 이영호
펴낸이 • 김 진 환
펴낸곳 • (주) 학지사
04031 서울특별시 마포구 양화로 15길 20 마인드월드빌딩 5층
대표전화 • 02) 330-5114 팩스 • 02) 324-2345
등록번호 • 제313-2006-000265호

홈페이지 • http://www.hakjisa.co.kr
페이스북 • https://www.facebook.com/hakjisabook

ISBN 978-89-5891-357-3 94370
978-89-5891-350-9 (set)

정가 15,000원

학습치료 프로그램 시리즈

[학생용 워크북] 학습동기 향상 전략 ①

값 6,000원

학습동기 향상 전략은 학습에 필요한 마음과 동기를 증진시키는 것을 통해 학업수행능력을 향상시키는 것을 목표로 한다. 목표 및 가치의 인식, 학습동기를 위한 실천 방안, 자기 이해의 장으로 구성되어 있다.

[학생용 워크북] 주의집중력 향상 전략 ②

값 6,000원

주의집중력 향상 전략은 주의집중 문제의 평가, 집중을 어렵게 하는 요인들의 탐색, 주의집중력 향상을 위한 실천 계획 및 전략 훈련을 통해 주의집중력을 향상시키는 것을 목표로 한다.

[학생용 워크북] 기억력 향상 전략 ③

값 6,000원

기억력 향상 전략은 효과적인 기억 방법을 통해 학습 내용을 보다 잘 이해하고 기억할 뿐 아니라, 학습에 필요한 일반적인 사고능력을 향상시키는 것을 목표로 한다. 주요 내용은 학습 준비와 기억 전략 실습으로 구성되어 있다.

[학생용 워크북] 효과적인 읽기 및 필기 전략 ④

값 6,000원

효과적인 읽기 및 필기 전략은 읽기를 위한 준비활동과 핵심 찾기, SQRW를 포함하는 읽기 및 필기 전략 훈련을 통해 학습 내용에 대한 이해와 깊이를 더하고 기억 및 조직화 능력을 향상시키는 것을 목표로 한다.

[학생용 워크북] 사고력 향상 전략 ⑤

값 6,000원

사고력 향상 전략은 생각의 폭과 깊이를 더해 줌으로써 학습능력과 일반적인 문제해결능력을 향상시키는 것을 목표로 한다. 사고력의 개념 이해, 창의적·논리적·비판적 사고를 증진시키기 위한 전략 및 언어적 추론능력 향상으로 구성되어 있다.

[학생용 워크북] 효과적인 외국어 학습 전략 및 수학적 문제해결 전략 ⑥

값 6,000원

외국어 학습 전략의 목표는 학습 내용을 이해, 저장 및 기억하는 데 필요한 효과적인 학습 방법을 통해 외국어 학습능력의 발달을 돕고자 하는 것이다. 주요 내용은 외국어 학습 전략 살펴보기, 효과적인 외국어 학습 전략의 실제로 구성되어 있다. 수학적 문제해결 전략은 자기 점검 활동과 단계적인 문제해결을 향상시키는 것에 초점을 맞추었으며, 수학적 태도 점검 및 수학능력 향상을 위한 실천 원리, 논리적·탐구적 활동을 통해 수학과 친해지기, 초인지적 수학능력 향상을 위한 ISLAND 전략이 있다.

학습치료 프로그램 시리즈

[학생용 워크북] 기초학습능력 향상 전략 ⑦

값 15,000원

기초학습능력 향상 전략은 문자와 구어를 통한 언어적 이해, 표현, 개념화 등의 기초학습 영역에서 어려움을 보이는 학생들을 위해 고안되었다. 주요 내용은 자모 및 낱자 익히기, 음운 인식 훈련을 통한 심화학습, 어휘 유창성 향상, 문장력 및 읽기 이해력 향상에 관한 내용으로 구성되어 있다.

[학생용 워크북] 시험불안 다루기 전략 및 시험 전략 ⑧

값 8,000원

시험불안 다루기 전략의 목표는 자기 이해와 자기 조절 능력의 향상을 통해 과도한 불안을 완화시키고, 궁극적으로 효과적인 학업 수행과 성취를 가능하게 하는 것이다. 시험 전략은 시간적 대비, 시험 유형에 따른 대처법 및 효과적인 시험 치르기 등과 관련된 기술들을 습득하고 활용하는 것을 통해 학습 능률을 향상시키는 것을 목표로 한다.

[학생용 워크북] 효과적인 시간·공간 관리 전략 및 학업 스트레스 관리 전략 ⑨

값 6,000원

효과적인 시간·공간 관리 전략은 시간 관리를 위한 지침, 다양한 시간 관리 전략, 문제 분석 및 학습공간 관리를 통해 학업 성취에 영향을 미치는 자기 관리 및 자기 조절 능력 향상을 목표로 한다. 학업 스트레스 관리 전략은 스트레스에 대한 개념 이해, 스트레스 요인 탐색 및 다양한 스트레스 대처 전략을 통해 스트레스에 효과적으로 대처할 수 있는 능력을 향상시키는 것을 목표로 한다.

[전문가용] 학습치료 프로그램 지침서 ⑩

값 18,000원

학습치료 프로그램은 심리적 안정과 정신건강 증진을 위한 심리치료적 접근과, 효과적인 학습 전략 획득을 위한 교육적인 접근을 통합하여 초·중·고등학교 학생들의 학습능력과 학습효율성 증진이라는 목표를 달성하기 위한 것이다. 임상 장면에서는 전문가가 주의력결핍과잉행동장애(ADHD), 학습장애(LD) 및 학습지체 아동 또는 청소년에게 이 프로그램을 적용할 수 있으며, 일반 교육 현장에서는 교사가 학생들의 학습잠재력을 개발하여 보다 나은 학업 성취를 이루기 위해 폭넓게 활용할 수 있다.

[전문가용] 어휘 범주화 카드 ⑪

값 14,000원

어휘 범주화 카드를 활용하여 어휘력의 범위와 표현력을 증진시키는 활동을 할 수 있다.

최정원·이영호 공저 / 국배판 / 전11권(학생용 워크북 9권·전문가용 2권) / 세트가 97,000원